Nadja Reutemann

Tausche Mann gegen Frau

Goldfeder-Verlag

Alle Rechte vorbehalten
Copyright © Goldfeder-Verlag
Internet: www.goldfeder.ch
E-Mail: info@goldfeder.ch
Satz: Reto Mächler / Christian Frautschi
Gesetzt aus der Filosofia von Zuzana Licko
Zeichnungen Umschlag / Inhalt: Gabriele Saputelli, Stäfa
Herstellung: CPI books GmbH, D-89075 Ulm

1. Auflage 2018
Buch: ISBN 978-3-905882-21-6
E-Book: ISBN 978-3-905882-22-3

Inhaltsverzeichnis

Vorwort	5
Nun aber zu meiner Geschichte	10
Las Vegas und DER grosse Tag sind nicht mehr weit	17
Unser Sonnenschein ist da	25
Die Familie ist nun komplett	28
Unser Familienleben	30
Die Monate vergehen	35
Ein paar Jahre und Falten später …	38
Was ist bloss los?	40
Verloren?	41
Jetzt, ich hab's!	43
Die Monate vergehen, die Falten kommen …	44
Replay bitte …	47
Meine Mutter ist eine ausgeglichene Frau	59
Mein Vater interessierte sich nie sonderlich für uns, dafür hatte er keine Zeit	62
Zurück in der Deutschschweiz	89
Ein paar Jahre später	91
Meine Arbeit in der Kaffee-Bar	92
Monate später, und einiges mehr an Selbstsicherheit gewonnen …	95
Ab in den Ausgang	106
DER grosse Tag	112
Ein seltsamer Traum	116
Wieder zu Hause	118
Zeit, um arbeiten zu gehen	119
Der geschrumpfte Arbeitsplatz	120
Ärger zu Hause	121

Es muss etwas geschehen!	122
Die unausweichliche Explosion	123
Die Hölle beginnt	127
Hilferuf bei meiner Schwägerin	129
Frauen-Chat	131
Mein Blinddate, meine Blinddates	135
Nochmals ein Anlauf, der zweite	141
Dritter Anlauf	144
Es ist, wie es ist	146
Ruf des Computers	148
Das vierte und endgültig letzte Date?	156
Donnerstagmorgen	160
Coming-out	174
Mein lieber Onkel	175
Unsere Kinder	203
Also so viel dazu …	205
Nachtrag	208

Vorwort

Mir ist schon bewusst, dass ich keine berühmte Persönlichkeit bin. Ich habe keinen Nobelpreis gewonnen, nicht den Mond betreten und auch sonst nichts Weltbewegendes zu Stande gebracht. Trotzdem habe ich hier meine Geschichte, meine Lebensgeschichte, verfasst.

Warum ich das getan habe? Warum ich mein Privatleben preisgebe? Ganz einfach, weil ich hoffe, mit meiner Geschichte etwas bewegen zu können, Menschen, die sich in einer ähnlichen Situation befinden, Mut zu machen und zu helfen.

Mein Buch soll kein Aufruf sein, deine Ehe oder deine Beziehung zu beenden, Männer durch Frauen zu ersetzen, etwas Unüberlegtes zu tun – um Gottes willen nein!

Ich möchte wachrütteln!

Wachrütteln, weil manche Menschen eine riesengrosse Schlaftablette geschluckt haben und in einem Dämmerzustand der Resignation verweilen.

Wach auf und leb dein Leben. DEIN Leben, nicht das deines Partners!

Fühl in dich hinein und frage dich:

«Stimmt das, was ich tue, für mich noch? Bin ich glücklich? Möchte ich mein Leben so weiterführen wie bis anhin, oder gibt es da womöglich noch mehr?»

Ich selber musste 36 Jahre alt werden, um endlich zu realisieren, dass das, was ich lebe, nicht mein Leben sein kann.

Ich habe einmal ein Interview gelesen, wo eine Frau nach ihrem Outing als Lesbe gefragt wurde, ob sie sich nicht vorstellen könnte, irgendwann wieder eine Partnerschaft mit einem Mann einzugehen.

Ihre Antwort war genial, sie hat mich total fasziniert, und ich könnte auf solch eine Frage nicht aussagekräftiger antworten.
«Stell dir vor, du bist ein Fisch an Land. Du lebst dein Leben, hast liebe Freunde, einen guten Job und eine kleine, süsse Familie – alles in bester Ordnung.

Irgendwann bemerkst du jedoch, dass dich all das nicht mehr glücklich macht, dich nicht mehr ausfüllt, dass dir etwas fehlt. Du beschliesst, dieses Etwas, das dir fehlt, zu suchen und über deine eigenen Grenzen hinauszugehen.
Du sprengst deine Ketten, um herauszufinden, was los ist. Du wagst den Sprung, den Sprung ins kalte Wasser.
Dieser Sprung, dieser eine Sprung kann dein ganzes Leben verändern!»
Der Fisch springt also ins Wasser und spürt auf einmal, dass er hierhergehört. Dass das hier sein richtiger Platz ist.
An seinem bisherigen Leben war nicht wirklich etwas auszusetzen. Es war gut, es war okay, es war nett. Aber eben bloss nett. Ihr wisst ja, dass «nett» die kleine Schwester von Scheisse ist.
Hier im Wasser jedoch ist alles ganz anders. Hier kann der Fisch schwimmen, seine Flossen bewegen. Er kann tief tauchen oder die Wärme der Sonne an der Wasseroberfläche geniessen. Hier

kann er endlich so sein, wie er ist. Hier ist er zu Hause, hier gehört er hin.

«Was denkst du, würde er ein Leben auf dem Land jemals wieder in Betracht ziehen? Hast du mal eine ausgetrocknete Blindschleiche gesehen? Würde der ausgetrocknete Fisch anders aussehen?»

Vielleicht ist dieser Vergleich kitschig, kindisch und absolut absurd.

Dennoch bin ich davon überzeugt, dass sämtliche «Fische», die sich zurzeit an Land befinden, ganz genau wissen, was ich, bzw. diese Frau, damit aussagen will.

Ich möchte hier noch einmal betonen, dass es in diesem Buch nicht um einen Partnerwechsel geht, versteh mich bitte nicht falsch! Es geht mir lediglich darum, Anstösse zu geben.

Hinterfrage dich, reflektiere, prüfe, forsche, schau hin. Lebst du dein Leben so, wie es für dich stimmt? Füllt dich dein Leben aus, bereitet es dir Freude, liebst du es?

Wenn JA, dann freut mich das riesig für dich!

Wenn NEIN, dann lies doch einfach in meinem Buch ein wenig weiter…

Ein Sprung ins Wasser braucht Mut, ganz klar!

Das Wasser kann kalt sein, vielleicht sogar sehr kalt.

Aber empfindet man ein Leben, das man eigentlich gar nicht in dieser Art und Weise leben will, nicht als noch viel kälter? Ja manchmal sogar als eisig? Und trotzdem lässt man es über sich ergehen…

Ich habe beschlossen, dass ich in meinem Leben nichts mehr einfach so über mich ergehen lassen will. Mein Leben ist mir zu wertvoll, zu kostbar, um es nicht so zu leben, wie es für mich stimmt.

Frag dich doch auch mal: «Will ich das wirklich?
Will ich so weitermachen?!»
Ich kann den einen oder anderen Leser schon schreien hören:
«Ja wenn das nur so einfach wäre!»
Ich habe mit keinem Wort erwähnt, dass es einfach werden wird.
«Aber lohnt es sich denn nicht, etwas zu riskieren?»
Wenn ich nur im Geringsten geahnt hätte, was alles an Herausforderungen auf mich zukommen würde, hätte ich es nie im Leben gewagt, auszubrechen.
Heute bin ich so unsagbar dankbar dafür, dass ich nicht gewusst habe, welch grosse Baustellen auf mich gewartet haben!
«Ich fände es schade, nein, ich fände es traurig, wenn dich die Angst davon abhalten würde, dein Leben in die eigene Hand zu nehmen!»
Du hast in der Form, wie du hier lebst, nur dieses eine Leben.
«Möchtest du wirklich zulassen, dass du gelebt wirst?»
Zulassen, dass du dein Leben aus der Hand gibst und dich von deinem Partner, deinem Lehrer, den Eltern etc. steuern lässt?
Ich kann da nur ganz laut sagen:
«NEIN! Zieh die Reissleine und spring!»
Ich hatte nach meiner Entscheidung, zu springen, immer wieder sehr schwere Zeiten, wurde mit den verschiedensten Problemen konfrontiert, Problemen, die ich «an Land» nicht gehabt hätte.
Trotzdem hatte ich nie, nicht eine Sekunde, mit meiner Entscheidung, zu springen, gehadert! Ganz im Gegenteil!
«Der Sprung hat mich stark gemacht, selbstbewusst – und vor allem: authentisch!»
Steh zu dir! Versuch herauszufinden, wer du wirklich bist. Hör

aufmerksam in dich hinein, hör, wonach sich dein Herz sehnt, und dann spring!

Oder wie es der Autor und Heiler Christian Frautschi sagt:
«Gehst du einen Weg nicht, wirst du nie wissen, ob es der richtige gewesen wäre.»

Nun aber zu meiner Geschichte

Ich habe einen Mann und zwei wunderbare Kinder – ich habe mir ja auch extra Mühe gegeben, dass es erst ein Junge, dann ein Mädchen wird. Dann wären da noch ein Haus, ein Auto, ein Motorrad und liebe Freunde.
Okay, manchmal ein Pickel, aber was soll's, ich bin gesund.
Ich liebe meine Familie und mein Leben.
Schon gut, schon gut … Ich gebe es zu, wenn ich sage, dass ich mein Leben liebe, ist das wohl ein wenig übertrieben, aber es fühlt sich doch ganz in Ordnung an.
Ist das nicht schön, ist das nicht wunderbar.
Aber jetzt erst mal der Reihe nach …
Mit 22 Jahren bin ich schwanger geworden, so schnell, so unerwartet, beinahe so, wie die Jungfrau zum Kind kam.
Ja, also nicht ganz so, aber es ging extrem fix. Mein damaliger Freund wollte nie heiraten, geschweige denn je Kinder haben. Deshalb war der positiv anzeigende Schwangerschaftstest in meiner Hand eher ein kleiner Schock als eine grosse Freude. Zumal wir erst ein paar Monate – oder waren es doch bloss Wochen? – zusammen waren!
Unter Tränen habe ich ihm dieses «Strich-Plastikteil» unter die Nase gehalten und gezeigt, was passiert ist.

Zu meinem grossen Erstaunen hat er meine Info, respektive die «Strich-Plastikteil»-Info, recht gelassen genommen.

«Tja, es ist so, wie es ist, das schaffen wir schon.»

… seine Reaktion …
… Was war denn das jetzt, hatte ich bereits meine ersten Schwangerschaftssymptome oder etwas in den Ohren?
Kaum habe ich erfahren, dass ich schwanger bin, schon spielt mein Körper verrückt!
Der schwangere Körper respektive meine von Schwangerschaftssymptomen geplagten Ohren wollten mir ernsthaft weismachen, richtig gehört zu haben, dass mein Freund diese Baby-Botschaft recht gelassen aufgefasst hatte – krass!
Was bedeutet das wohl, gibt es bei Hörbeeinträchtigungen in der Schwangerschaft eher einen Jungen oder ein Mädchen? Es gibt doch zu allem so wahnsinnig schlaue Theorien.
Also bei Hörbeeinträchtigung in der Schwangerschaft tippe ich eher auf ein Mädchen, die hören doch nie zu, die bekommen das bestimmt zwangsläufig vererbt.
Oder sind das doch die Jungs? Die haben ja dermassen was an

den Ohren, die merken oftmals gar nicht, dass noch jemand im selben Raum ist. Oder hat das andere Ursachen?
Keine Ahnung, aber wenn ich aussuchen dürfte, würde ich mich für einen Jungen entscheiden. Jungs sind irgendwie unkomplizierter, cooler und einfacher. Und – jetzt kommt's – sie wollen keine Fingernägelchen lackiert bekommen (die meisten jedenfalls nicht), das gefällt mir.
Jetzt kommt aber erst nochmal die Frage, ob meinem Freund auch wirklich gefiel, was ich ihm hier vor ein par Sekunden offenbart hatte… Ich musste nochmals nachhaken…

Er meinte dann: «Ach, du weisst das schon?»
Ich: «Von wem denn?»
Er: «Ach, ich habe dir das gesagt?»
Ich: «Echt jetzt?»
Himmel, ist das bereits das zweite Schwangerschaftssymptom – Gedächtnisverlust?!
Kann doch nicht sein, dass er wirklich gesagt hat…

«Das schaffen wir schon …»
… und ich nicht falsch hingehört habe, bzw. das tatsächlich kein Symptom war.
Du kennst ja die Werbung des Hörgeräteherstellers Kind …
«Ich habe mein Kind im Ohr» …
Nein, ich habe kein Kind im Ohr, aber im Bauch, nur ein «Kind-Symptom» im Ohr …
Was hat der denn geschluckt? Warum auf einmal dieser Sinneswandel?
Egal, Hauptsache, dass er nicht ausgeflippt ist oder sofort die Flucht ergriffen hat.

Mit Erleichterung kann ich mich nun langsam an den Gedanken gewöhnen, dass da ein kleines Menschlein in mir wachsen soll. Zu viel darüber nachdenken darf ich allerdings nicht, denn schliesslich muss dieses Menschlein ja irgendwann da auch wieder raus, was ein klitzekleines bisschen PANIK in mir auslöst!
Die Freude auf unser Baby und auch meine Blähungen wachsen von Tag zu Tag!
Eines kann ich dir sagen, schwanger zu sein ist nicht schön!
Nein, hör nicht auf das, was diese ach so glücklichen lieben schwangeren Frauen über ihre schöne Zeit in der Schwangerschaft alles erzählen.
Die lügen! Die sind vergesslich! Die sind paranoid! Schwanger zu sein ist nicht schön!

Die Waage wird dein täglich grösser werdender Feind!
Du hast Heisshunger-Attacken, Lust auf Süsses. Wenn du dann den grossen Berg von Gummibärchen, Schokolade und Bonbons liebevoll und wunderschön vor dir aufgebaut hast, könn-

test du kotzen! Hm ... werden Veganerinnen nicht schwanger? Was würden die denn ...? Gummibärchen haben Tierisches in sich ... Egal ...
Du brauchst etwas Salziges, und zwar zackig!
Dein Lieblingsparfum kannst du nicht mehr riechen, es stinkt!
Die Schuhe zuschnüren – keine Chance ... gar nicht zu reden vom Anziehen von Kleidern. Ich meine nicht Kleider als Kleider, ich meine Kleider, normale Kleider, wie sie jeder Mensch (ausser Schwangere) anziehen kann.
Kleider mit Hosenbund, nicht mit Gummizug – mein Gott, ist das denn zu viel verlangt?!
Fettige Haare und Pickelgesicht gibt's gratis obendrein. «Nein, ich bin kein Teenager, ich bin einfach nur eine erwachsene, fette, schwangere Frau!»
Wadenkrämpfe sind auch etwas sehr Angenehmes, es ist immer so wunderschön, wenn sie einen mitten aus dem Schlaf hochschnellen lassen, weil man sofort, aber auch wirklich sofort das dicke Teil, an dem der Fuss befestigt ist, dehnen muss!
Und Magenbrennen ... uuuh ... das vermisse ich beinahe am meisten. Kaum was gegessen, meldet sich der Magen postwendend – lieb, nicht, und so treu!
Schwindel, Müdigkeit, Unbeweglichkeit, Verstopfung, oh ja, Verstopfung – toll!
So viele schöne Dinge kann man in der Schwangerschaft erleben, wenn man Glück hat – ich habe es!
Aber nur zu, glaub dieses Märchen von einer schönen Schwangerschaft bloss weiter, beklag dich später einfach nicht bei mir!
Schwangerschaft ist Scheisse, ganz grosse Scheisse!
Gut, nicht nur Scheisse – wenn man das Baby im Bauch strampeln spürt, ist es schon echt süss, das heisst, wenn es nicht zu

sehr strampelt! Denn dann wären da noch Bauchschmerzen, Rückenschmerzen und Schlaflosigkeit!
So, jetzt aber genug von meinen Symptomen, sonst kommt noch eine dicke, fette Depression hinzu, wenn mir das alles so bewusst wird.
Eines Abends, wir sind gerade auf dem
Nachhauseweg nach einem Besuch bei meinen Eltern.
Er, total romantisch, sowas von romantisch:

«Müssen wir jetzt heiraten?»

Allerliebst, nicht? Ich liebe romantische Männer!
Für mich ist eine Schwangerschaft kein zwingender Heiratsgrund. Ich bin schon etwas naiv, aber müsste da nicht Liebe im Vordergrund stehen?
Deshalb ich:

«Ich finde nicht, dass wir nur wegen dem Baby heiraten müssen ...»
Ein paar Tage später kommt mein Herzallerliebster zu mir und meint ... und wieder extrem romantisch...

Er: «Wir sollten es tun.»
Ich: «Was, noch ein Kind zeugen?!»
Er: «Nein, heiraten natürlich.»

Sein Vater hat ihm gesagt, dass das Kleine schliesslich einen anständigen Namen braucht. Welch scheisspatriarchalische Einstellung mein angehender Schwiegervater doch hat! Habe ich denn keinen Namen?!

Da ich es aber gewohnt bin, zu gehorchen, steht die Heiratsentscheidung nun also fest. Nein, nicht gefolgt von einem anständigen romantischen Antrag, mit oder ohne Kind im Ohr… Okay, wir werden heiraten… Nur Lust auf ein riesiges Theater mit allem Drum und Dran haben allerdings weder mein Freund noch ich.

Und überhaupt, wie soll man denn mit einem dicken Bauch und all den netten dazugehörigen Schwangerschafts-Nebenerscheinungen überhaupt eine schöne Hochzeit feiern? Die fröhlichen und lieben Glückwünsche aller Verwandten – und das sind viele, mein Freund hat so viele Onkel und Tanten, die könnten ein ganzes Dorf besiedeln – dürfte ich an diesem Tag nicht mal mit einem Glas Alkohol runterspülen! Nein danke, echt nicht! Wer von uns beiden auf die glorreiche Idee gekommen ist, abzuhauen – während ich hochschwanger war, wohlverstanden –, um in Las Vegas zu heiraten, kann ich heute nicht mehr sagen. Auf jeden Fall haben wir es dann so geplant. Vorab haben wir uns schon sämtliche Formulare und Unterlagen besorgt, die es für eine beglaubigte Heirat im Ausland braucht.

Las Vegas und DER grosse Tag
sind nicht mehr weit

Da in meinen Adern, im Gegensatz zu jenen meines Freundes, doch ein klein wenig romantisches Blut fliesst, möchte ich mir ein «Hochzeitskleid» organisieren. «Hochzeitskleid», wohlverstanden, in Gänsefüsschen geschrieben! Es ist eine ganz schöne Herausforderung, mit einem Bauchumfang von gut einem Meter einen einigermassen schönen Fummel zu finden. Notgedrungen muss ich einen Umstandsmodekatalog durchstöbern. Du kannst dir vorstellen, wie viele wunderschöne, figurbetonte Hochzeitskleider man darin findet. 1 A, sage ich da nur. AAA, triple A, würde da der Ami sagen ...
Ich entscheide mich für ein blau-weiss gestreiftes Trägerkleid, das schönste von all den hässlichen Teilen, mit dem Risiko, darin auszusehen wie ein kleiner, fetter, inhaftierter Pottwal. Schon beim Wort Trägerkleid müssten eigentlich sämtliche Alarmglocken losgehen! Hast du schon einmal die Oberarme einer mit Wasser gefüllten, dicken, schwangeren Frau gesehen? Bei solch einem Anblick wird einem schlecht! Man könnte annehmen, das Kind mache sich breit bis in die Oberarme der Mutter! So dick sind die! In jedem Oberarm ein Beinchen des Babys. Einfach nicht schön! Was soll's, das Pottwal-Kleid ist bestellt und wird auch angezogen – basta!
Unsere Familien, Freunde und Bekannten haben wir zu informieren «vergessen», dass wir dann mal schnell heiraten gehen. Alle gehen wohl davon aus, dass wir, bevor das Kind da ist, noch einmal Ferien in trauter Zweisamkeit geniessen wollen. Eigentlich hätte jeder Blinde gleich merken respektive sehen müssen,

dass das nur ein Fake sein kann, traute Zweisamkeit bei meinem doch sooo romantischen Freund ... Lachkrampf lass nach ...
Wir ziehen, fliegen dann also mit meinem wunderschönen trägerlosen Hochzeitsfummel im Gepäck los nach Amerika, in das Land der unbegrenzten Möglichkeiten ...
Im Hotel angekommen, wollen wir uns gleich mal schlau machen, wie das denn so geht, wenn man hier heiraten möchte, und vor allem möchten wir uns auch informieren, wo man überhaupt heiraten kann. Die nette Dame am Empfang erklärt uns, dass wir gar nicht gross zu suchen brauchen, da sie im Hotel selber auch Trauungen vollziehen. Das klingt ja mal interessant. Irgendwie fast so romantisch wie der nie da gewesene Heiratsantrag ...
Also nichts wie los in die «Trauungsetage», wir wollen uns ein Bild davon machen.
Eine schnuckelige, typisch amerikanische, fette (vielleicht auch schwangere) Dame begrüsst uns ziemlich unmotiviert und fragt: «Wollt ihr heiraten?»
Auf unsere Antwort «Wir möchten uns gerne mal informieren ...» meint die schnukelige Dame: «Ihr könnt gleich hierbleiben, wir haben Zeit, ihr könnt gleich heiraten.» Ach, gäbe es den Romantik-Oscar, die Dame würde ihn – wie auch mein baldiger Mann – bestimmt bekommen.
Etwas perplex und übermüdet vom Flug stehe ich in meinen kurzen Latzhosen und den abgelatschten Turnschuhen da ...
Ich fühle mich irgendwie ein wenig überfordert ...
Mein Freund, nicht viel schöner als ich, mit seinen weissen, behaarten Beinen und den verwaschenen, hässlichen kurzen Hosen, scheint auch etwas überrumpelt zu sein. Ja, als Antiromantiker jetzt gleich soo viel Romantik auf einem Haufen ...

«Moment … ich hole den Geistlichen», sagt sie mit ihrer klangvollen, absolut motivierten (romantischen) Stimme, hebt mühsam ihren Allerwertesten und geht zur Tür hinaus.
Wie zwei Vollpfosten starren wir uns mit grossen Augen an, sind wir im falschen Film?!
Plötzlich meint mein Freund: «Warum eigentlich nicht, lass uns doch gleich heiraten …»
Klingt so nach … Ach ja, klar doch, passt, dann haben wir es hinter uns … Soo viel Romantik auf einmal, ich glaube, ich muss mich übergeben!
Aber … «Was ist mit meinem Hochzeitskleid …?», schreit es antwortsuchend in meinem ausgekotzen Inneren!
«Jetzt … jetzt habe ich doch extra so einen Fummel bestellt (der noch nicht mal sehr billig war), um nun doch ohne ihn zu heiraten? Das geht doch nicht! Wann soll ich denn um Gottes willen bitte sonst mal dieses tolle Kleid tragen?
Ich habe nicht vor, so fett zu bleiben, nur damit ich noch x-mal die Möglichkeit hätte, mich damit so festlich zu präsentieren.»
Das süsse amerikanische, nonstop plaudernde Trampelchen kehrt zurück und holt mich gleich schlagartig aus meinem Gedankenwirrwarr. Mein Freund muss mir übersetzen, was sie alles von sich gibt, ich verstehe nichts, aber auch rein gar nichts, was die da, auf mich zukommend, plaudert. Es kommt mir vor, als würde ein ganzer Schokolade-Kuchen, in Form von einzelnen Krümeln auf mich zuschiessten … mit dem Donnergetöse eines landenden Jumbo-Jets …

«Am Kiosk hier kannst du dir noch einen Hochzeitsstrauss kaufen, wenn du willst …» … übersetzt mir mein Freund, so trocken wie der Schokolade-Kuchen …

Mir ist, als ob mich die Romantik verfolgen würde! Ja, es fühlt sich nach einem Schwangerschaftssymptom-Minenfeld an, das fast in die Luft geht und hunderttausend weisse, schneeweisse Rosen ... oder doch Nelken vom Himmel schneien lässt ... Einen künstlichen, verstaubten Hochzeitsstrauss zu kaufen, in Latzhosen, mit dickem Bauch und alten, aber bequemen Turnschuhen, scheint mir seltsamerweise nicht unbedingt nötig.
Das kleine, Symptome verursachende Geschöpf in meinem Bauch denkt jetzt sicher, dass wir uns in einem süssen Romantikhotel befinden ...
Weiter übersetzt mir mein Freund, dass wir erst noch üben müssen. Üben???
Ich bin doch schon schwanger ... wir haben gar noch nicht geübt ... das müssen wir jetzt?
Der Mann in der Rolle des Geistlichen – keine Ahnung, wer das ist, wahrscheinlich einer der Zimmerjünglinge – zückt eine Kassette hervor, steckt sie in einen alten Recorder und drückt auf Play. Es ertönt, etwas scherbelnd, der typisch amerikanische «Hochzeits-Song», ja genau, jener, zu dem in den Hollywoodfilmen jeweils der Vater die Braut zum Altar führt ... Vielleicht war es «Endless Love» mit Diana Ross & Lionel Richie, für den Film «Endlose Liebe» ... oder das Lied aus «Die Braut, die sich nicht traut» ... egal ... es scherbelt vor uns hin ...
Wir sehen uns bloss an und müssen laut lachen ... Ich suche nach der versteckten Kamera, kann aber keine finden, die ist zu gut versteckt.
Wir müssen dann also nach vorne treten. Der Geistliche spricht einige Sätze, keine Ahnung, ob das die Hotel-Hausordnung ist oder doch eher die Spielregeln des Casinos ...
Dann wird es still ... Er starrt mich an ...

Ich fühle mich ertappt. Was habe ich jetzt bloss wieder angestellt? Was habe ich verpasst? Er schaut grimmig und irgendwie wartend in meine Augen und schweigt. Himmel, habe ich denn bereits gegen eine Hotelregel verstossen, oder was will der von mir?!
Die Totenstille ist schlimm, beinahe unerträglich! Noch nicht mal die Kioskfrau, die übrigens meine Trauzeugin ist hört man schmatzen … Ich muss etwas tun, blitzartig den Raum verlassen oder etwas sagen … aber was? Was sagen die im Film? Also ausser bei «Die Braut, die sich nicht traut» …

«Yes»,
sage ich einfach mal, yes ist immer gut, yes kann ich problemlos sagen, da ist nicht so ein unaussprechliches «th» drin …

Geknackt!
Das scheint das Codewort zu sein, denn sogleich redet der Geistliche weiter und erklärt uns auch noch den zweiten Teil der «Hausordnung», bis beim nächsten Schweigen auch mein Freund «Yes» sagt. «Genau das ist es, so machen wir es, und nun gleich noch mal von vorne», sagt der «Zimmerjunge» oder «Referent», wie die süsse Dame sagte, und schubst uns zum Eingang zurück.
Gleiches Spiel auf Anfang, diesmal zum Mitfilmen … ohne Film … Die Kassette ohne Panne zurückgespult, und los gehts …
Also machen wir den Quatsch noch einmal …
Am Ende unserer beiden «Yes» schüttelt uns der Geistliche die Hände und gratuliert uns – ebenso die Kioskfrau, meine Trauzeugin.
Wir sind jetzt also verheiratet (ich noch immer in Latzhosen).

Das ganze Schauspiel hat etwa 6 Minuten und 25 Sekunden gedauert und war das Albernste, Kitschigste und Absurdeste, was ich je erlebt habe. Die Frau hat sich getraut …
Ich kann das Ganze nicht wirklich ernst nehmen, sind wir hier bei der Muppet Show oder was?!
So verlassen wir den Raum, sorry, die Kapelle also wieder …
Draussen steht bereits ein weiteres Paar schön brav in der Warteschlange im «Kiosk-Vorraum». Die angehenden Eheleute gratulieren uns. Die Frau, eine richtige Braut in Weiss, kann ihre Tränen nicht zurückhalten. Keine Ahnung, warum sie weinen muss. Vielleicht wird sie gezwungen, dieses Affentheater mitzumachen. Vielleicht aber ist sie so traurig, weil mir niemand einen Kiosk-Hochzeitsstrauss gekauft hat … Vielleicht ist sie entsetzt, weil wir uns keine schöne Hochzeitskleidung leisten können … Was auch immer der Grund ist, diese arme Frau, die sich traut, tut mir irgendwie leid …
Für uns beide, meinen frisch angetrauten Ehemann und mich, ist es ein Witz, ein einziger grosser Witz.
 Das Einzige, was uns in diesem Moment nun wichtig ist, ist ein Drink. Ein Bier oder noch besser ein hochprozentiger Schnaps, um diesen Witz hinunterzuspülen. Okay, okay, für mich gibt es ein Wasser – ein stilles, versteht sich, das muss jetzt sein!
Frisch vermählt und immer noch im falschen Film ziehen wir los, um eine Bar zu suchen …
Wenn es in diesem Hotel schon eine eigene Kapelle mit eigenem Zimmerjungen-Geistlichen und eigener Kioskfrau-Trauzeugin gibt, dann wird ja wohl auch irgendwo eine Bar zu finden sein. Also gehen wir die erstbeste, offene, breite Treppe hinunter, als wäre es DIE grosse Kirchentreppe … und haben sogleich einen wunderbaren Blick in das überwältigende, gros-

se, offene Hotelcasino …
Als ob diese Trauung nicht schon absurd genug gewesen wäre, verhalten sich nun auch noch alle Casinobesucher seltsam.

Sie starren uns an – alle!!!
Sie lachen und schmunzeln, und der da, der schüttelt sogar den Kopf. Hääääää???
Mir ist schon bewusst, dass meine Latzhose nicht unbedingt casinotauglich ist, aber muss man deshalb gleich so angestarrt werden?! Habe ich einen Popel aus der Nase hängen oder was ist los?! Oder gibt es hier in Las Vegas keine schwangeren Frauen? Oh Gott, ist das hier womöglich verboten?!
Kaum verheiratet – ab in den Knast!
Alcatraz steht ja schon mit auf der Liste unserer Reiseziele, aber so schnell?!? Auch habe ich gedacht, Alcatraz sei geschlossen?!? Machen die nun für mich eine Ausnahme, oder hat Las Vegas eigene Gefängnisse? Gut, der Ausblick Richtung San Francisco ist ja schon nicht zu verachten, von daher würde ich Alcatraz einem Knast in Las Vegas schon vorziehen.
Und mein Sohn – ja, juhui, wir wissen, dass es ein Junge wird – wird ein Knastbaby?! Ja, das nenne ich mal einen Scheissstart ins Leben, Mensch! Vielleicht haben die bisher ja einfach noch nie Schweizer gesehen, oder wir haben den Mythos zerstört, dass eben doch nicht alle Schweizer jodelnd und in Trachtenkleidern durch die Welt marschieren. Am besten, ich lasse mir nichts anmerken!
Ist aber schwierig …
Als Ausserirdische, denke ich, gehen wir auch nicht durch. Gut, ich mit meinem dicken Bauch und mein Mann mit den vielen kleinen, blonden Löckchen auf seinen schneeweissen Beinen

– sieht schon etwas seltsam aus, das muss ich zugeben. Aber das alleine kann doch nicht der Grund dafür sein, dass alle, die meisten mit einem breiten Froschgrinsen, zu uns rüber sehen?! Was soll's, Blick auf den Boden und weiter gehen, immer schön weiter gehen. Da müssen wir durch … Wer Ja sagt, muss auch B sagen …

Letzte Stufe erreicht. Unten im Casino angekommen, erlebe ich den wohl peinlichsten Moment meines Lebens! Mit Entsetzen und hochroten Köpfen sehen wir, dass ein überdimensional grosser Bildschirm an der Casinowand hängt, der jede hoteleigene Trauung live ausstrahlt! Ja, fast Hollywood Life … Die Leute kriegen unsere Schockstarre hautnah mit und lachen dann noch mehr los, sie applaudieren sogar. Wie peinlich ist das denn?!!! Wie haben wir uns wohl aus Sicht der Zuschauer in dieser wunderbaren Kapelle verhalten – daneben, ganz klar! Bestimmt habe ich mindestens zweimal meine Hose aus meinem Hintern gegrübelt, weil ich es nicht mag, wenn sie sich dort drin versteckt, was sie immer häufiger tut, je dicker mein Bauch wird. Frei nach dem Motto: Arsch frisst Hose …

Na ja, es ist vorbei, das Bild des anständigen, prüden Schweizers haben wir zerstört, ein für alle Mal. Sorry an all unsere Landsleute. Ab, tschüss Amerika, ich will nach Hause! In den Schweizer Ehehafen einlaufen …

Unser Sonnenschein ist da

Gut einen Monat nach unserem unvergesslichen Trip durch Amerika erblickt unser Sohn das Licht der Welt. Meine Übelkeitsattacken, die unzähligen schlaflosen, von Wadenkrämpfen bestimmten Nächte sind von einem Moment auf den anderen vorbei. Das nenne ich mal ein Wunder!
Ich liebe meinen kleinen Racker von der ersten Sekunde an.

Nein, er ist nicht das schönste Baby auf Erden, wie das all die Medikamente-vollgepumpten-frischgebackenen-Super-Mamis immer behaupten, er ist verschrumpelt und schaut ganz schön verpennt aus der Wäsche, aber er ist mein Baby, mein Sohn! Das schönste Geschenk überhaupt!
Meine Zimmergenossin im Spital hat nur ein paar Stunden vor mir ihre Tochter geboren, auch ein kleines, schrumpeliges Ding mit geschwollenen Augen. Diese Frau ist so ein typischer Stadtmensch, so ein Prada-Pyjama tragendes, hysterisches, blondes Ding (garantiert mit einem Gärtner und einer Putze zu Hause) – mir vom ersten Moment an absolut unsympathisch.
Wie es kommen muss, muss ich zwangsläufig eines ihrer 98'000 Telefongespräche mit anhören. «Die Geburt war wun-

derschön», höre ich sie sagen. Ja spinnt die jetzt komplett?! Hat die zu wenig Sauerstoff bekommen, oder was ist bei der kaputt?! Eine Geburt ist doch nicht schön! Nie und nimmer! Eine Geburt ist schmerzhaft und schrecklich, ich wäre zu sterben bereit gewesen! Eine Geburt ist alles, aber nicht schön! Der Anblick einer Blume ist schön (ausser von jener in der Hochzeitskapelle). Von mir aus auch der Anblick einer vollgekackten Windel, nachdem über Tage nix mehr ging – aber doch keine Geburt! Was bitteschön muss ihr kleines unverdorbenes Baby von ihr denken? Noch keinen Tag auf dieser Welt, schon, zack, muss sie ihre Mutter lügen hören.

Das kann doch nicht sein, das darf nicht sein! In der Haut dieser Frau möchte ich echt nicht stecken! Spätestens in der Pubertät, wenn ihre Tochter ihr eine Notlüge auftischt, weil sie mal wieder zu viel gesoffen und den Heimweg nicht mehr gefunden hat, werden die Probleme beginnen. Die Tochter wird dann ganz bestimmt ihren Trumpf ziehen und sagen: «Erzähl du mir nichts von Ehrlichkeit, noch nicht mal am Tag meiner Geburt konntest du ehrlich sein, also halt dich aus meinen Angelegenheiten raus.» Das sind dann genau die Mütter, die völlig verzweifelt und überfordert bei sämtlichen Notrufstellen hysterisch ihr Leid klagen, weil ihre Kids sie anlügen – selber schuld!

Die Geburt war Scheisse und das Kind verrunzelt...

Dennoch, unser kleiner Mann macht uns viel Freude. Er ist ein sehr liebes, pflegeleichtes Kind, fröhlich und aufgeweckt. Ich habe ihn schliesslich auch nie angelogen. Mittlerweile hat er es sogar geschafft, der schönste kleine Junge auf Erden zu werden – mein Sohn.

Damit er nicht als Einzelkind aufwachsen muss und weil wir ihn so gut hingekriegt haben, beschliessen wir, unsere Familie zu vergrössern. Wenn wir schon einmal so ein liebes, schönes, fröhliches, geniales Kind zu Stande gebracht haben, dann schaffen wir das bestimmt auch ein zweites Mal. Gesagt, bzw. geplant, getan. Zweieinhalb Jahre später kommt sein kleines Schwesterchen zur Welt.

Auch ihre Geburt ist die Hölle – ich lüge noch immer nicht! Am Anfang schaffe ich es ganz gut mit ein wenig atmen, also so atmen, wie man es im Leben nie freiwillig tun würde, da man sonst eingeliefert würde. «Was habe ich bloss bei meiner ersten Geburt für ein Theater gemacht? Zur richtigen Zeit die richtige Atemtechnik, und schon ist die Geburt vorüber – Dramaqueen, echt!» Da es nicht wirklich vorwärts geht, beschliesst die Hebamme, die Fruchtblase zum Platzen zu bringen – sprengen wäre das passendere Wort gewesen! Ich weiss nicht, wie viele Tonnen Dynamit sie da in mich reinpumpen! Gesund kann es auf jeden Fall nicht sein, und meine Tochter geht mir schon zum ersten Mal sowas von auf die Nerven – AUAAA!!! Nach drei Stunden ist es geschafft, unser Schrumpelkind Nummer zwei ist geboren. Herzlich willkommen, Kleines!

Die Familie ist nun komplett

Was ein pflegeleichtes Baby ist, wissen wir nicht (mehr), noch nicht mal, wie man das Wort schreibt. Gäbe es einen Schreiwettbewerb, würde unsere Tochter garantiert den ersten Platz belegen. Ist ja auch klar, die Weiber müssen ja – auch wenn sie noch so winzig klein sind – immer den Mund offen haben. Heute weiss ich, warum sie so geschrien hat. Es ist eben so, kaum hat unsere Tochter die Augen geöffnet, wurde gequatscht. Sie ist wahrscheinlich auch mit einem Quatsch-Gen geboren, kann bestimmt überhaupt nix dafür. Und damals bei ihrer Geburt, und auch die ersten paar Monate danach, fehlten ihr logischerweise noch die Worte, also hat sie die einzelnen Buchstaben geschrien, weil sie was zu sagen hatte. Armes kleines Ding! Oder doch eher wir? Vielleicht ist es bei ihr aber auch einfach eine ganz normale Frühpubertät, das gibt es doch?!
Unsere Kleine hat schon immer gewusst, was sie will, und ihr Ding durchgezogen. Schon ihr Geburtstermin war ihr pupsegal. Ja, und da bisher eh kein Mensch je spurlos an der Pubertät vorbeigekommen ist (was sie instinktiv gespürt haben muss), hat sie sich wohl gedacht: «Ich erledige das am besten gleich am Anfang.» Es ist wirklich so! Heute, im Teenageralter, rebelliert sie wirklich kaum mehr. Braucht sie ja auch nicht, schliesslich hat sie diese Phase schon vor Jahren hinter sich gelassen. Ohne Übertreibung, sie ist echt ein pflegeleichter, grossartiger Teenager!
Oh, wo war ich gleich nochmal, so schnell wächst noch nicht mal meine Tochter, obschon ich ihr alles zutraue – also wieder etwas zurück ... Ich war mit unserem Töchterchen gerade mal eine Woche nach der Geburt zu Hause, da fragt mein Sohn,

wann wir sie denn jetzt endlich wieder zurück in das Spital bringen. Er habe genug gesehen und gehört …

Doch! Unsere Kinder leben ein wundervolles, harmonisches Miteinander, sie sind ein Herz und eine Seele. Unser Sohn hat sich in der Zwischenzeit auch wunderbar daran gewöhnt, dass sein Schwesterchen keinen «Rückgaberecht-Sticker» auf dem Hintern eingebrannt hat. Er liebt sie heiss und innig. Er hilft mir, wenn ich die Kleine bade, auch findet er es toll, wenn er ihr die Flasche geben darf. Am lustigsten aber findet er ihren Riesenrülpser, den sie genüsslich von sich gibt, nachdem sie ihre ganze Milch ausgetrunken hat.

Sein Verhalten seiner Schwester gegenüber zeigt mir, dass wir ihn genügend auf das neue Familienmitglied vorbereitet haben. Es war mir sehr wichtig, ihm ein grosses neues Bett zu kaufen, noch bevor das Baby da war, nicht dass sie dann die Schuldige ist, die ihn aus seinem Bettchen vertrieben hat. Auch mit dem Kinderwagen machten wir es so. Gut einen Monat vor dem errechneten Geburtstermin lobten wir ihn in den höchsten Tönen, wie gross er doch schon sei und dass wir deshalb seinen Kinderwagen gar nicht mehr brauchen. Herrlich, wie man Kinder auf eine so wunderbare sanfte Art «manipulieren» kann. Schliesslich erlebte er in meinem Bauch ja eine tolle romantische Hochzeit … Den Hochzeitsstrauss hatte er damals noch nicht sehen können … Aber, ich ja auch nicht …

Unser Familienleben

Unser Familienleben ist perfekt, Hausfrau und Mutter zu sein fühlt sich einfach wunderbar an.

Spannend ist es übrigens auch. Heute zum Beispiel ist mein Adrenalinspiegel ganz schön hoch, extrem hoch sogar! Unsere Tochter ist verschwunden! Das kann doch nicht sein, wo ist die Kleine bloss?! Normalerweise läuft sie nicht weg – niemals! Obschon sie ein Riesenschlitzohr ist, kann ich mich doch immer darauf verlassen, dass sie nie wirklich etwas Schlimmes anstellt oder einfach davonläuft. Doch heute ist das ganze Haus offen, jede Tür, sogar die Garage steht offen. Warum nur habe ich überall offenlassen, nur damit die Sonne rein und meine Tochter raus kann – bitte NEIN!
Ich schreie hysterisch ihren Namen und flitze in jedes Zimmer, um nach ihr zu suchen – nichts. Mein Geschrei hat unsere Nachbarn aufmerksam gemacht, sie kommen zu uns rüber und fragen, was los ist, nun schreien wir im Chor! Nichts,

keine Spur von unserer Kleinen! Gefühlte fünf Stunden lang kein einziges Lebenszeichen!
«Das kann doch nicht sein, wird in so einem kleinen Provinzort tatsächlich ein Kind entführt?» Dieses Kaff kennt ja kaum ein Mensch, warum denn ausgerechnet ein böser, kleinkind-verschleppender Psychopath?! Gut, auf seltsame Weise verschwinden auch immer wieder Katzen aus unserer Gemeinde. Und nur selten kommt die eine oder andere vermisste Mieze nach tagelanger Verschollenheit wieder ganz zerzaust nach Hause zurück. Aber Kinder?! Noch nie habe ich ein verstrubbeltes Kind x Tage nach seinem Verschwinden wieder heulend an irgendeinem Gartentor stehen sehen. Verschwinden die wirklich einfach so aus dem Nix – das gibts doch nur im Fernsehen, oder?!

Wo um Himmels willen ist mein Baby?!!!!!
Okay, meine Waschmaschine frisst manchmal Socken, aber doch nicht Kinder? Nahe am Nervenzusammenbruch höre ich auf einmal ein ganz feines Wimmern, ganz zart und schüchtern. Was ist das?
Hat eine der vielen zersausten Katzen den Weg zurück zu ihrem Zuhause nicht gefunden oder ist in unserer Garage irgendwo eingeklemmt? Es wimmert erneut. Ich rufe den Namen meiner Kleinen. Schon wieder dieses Wimmern. Ich gehe diesen Lauten nach. Es ist schwirig für mich, diesen Tönen zu folgen, da meine Nachbarn ein Wahnsinnsorgan haben und noch immer den Namen meiner Tochter aus aller Kraft in die Welt hinausschreien. Da, das Wimmern wird lauter. Ich stehe vor unserem Vorratsschrank.
Hääääää????? Halluzinationen????
Höre ich schon die Erbsen jammern, die endlich aus der Büchse

wollen?! Noch einmal rufe ich den Namen meiner kleinen Tochter. Die Erbsen (oder die Bohnen) geben wimmernd Antwort. Ich reisse die Schranktür auf, und vor mir steht im Pyjama ein kleines blondes Ding mit grossen, fragenden Augen! «Ja was machst du denn hier drin???» Sie sieht mich bloss an, rennt raus und geht weiterspielen ...

Ich muss sie da wohl eingeschlossen haben, als ich nach einem Putzlappen gesucht habe, oh Gott! Du musst wissen, meine Kleine ist anhänglich wie Kaugummi, noch nicht mal alleine aufs Klo kann ich, ohne dass sie mir «bei Fuss» folgt, als wäre sie die Hausfrauenkette des Kochherds, nach dem Motto: Die Frauen gehören an den Herd ... Kinder ans Bein der Mutter ... Wahrscheinlich war es heute auch so. Ich rein in den Vorratsschrank, Ware gepackt, umgedreht und wieder raus. Sie mir wohl dicht auf den Fersen, zu spät umgedreht, nicht mehr raus... Türe zu ...

Armes Ding, jetzt hat die da im Dunkeln gestanden. Das einzige Licht im Schrank, wenn er geöffnet wird. Ja, so wartete sie also, bis sie da jemand wieder rausholte. Was soll das denn, sie hat doch sonst immer eine grosse Klappe und flippt aus, wenn etwas für sie nicht stimmt! Das ist Mama-Nervenkitzel pur!!!

Unser Sohn hat auch schon etwas in dieser Art durchgegeben. Wir waren auf den Malediven in den Ferien. Also die Kinder und ich waren in den Ferien ... mein Mann hart am «Arbeiten» ... Ich weiss gar nicht, ob ich schon erwähnt habe, dass er Pilot ist. Immer mal wieder muss er für zehn Tage oder so an einen der schönsten Orte der Welt. Das Einzige, was er da tun muss, ist hinfliegen, Zwangsferien geniessen, nach Hause fliegen. Armer Kerl, nicht?! Und ich darf in der Zwischenzeit seine Kinder grossziehen, Haus und Garten in Schuss halten und so.

Manchmal aber dürfen wir auch mit, wie in diesem Jahr eben auf die Malediven.
Die Insel war wunderschön, gehörte nicht zu den kleinsten, aber gross ist definitiv auch wieder etwas anderes. Ein Restaurant, ein Spielplatz, ein paar wenige Bungalows und gaaaaanz viel Sand, sonst nix. An einem Abend sass die ganze Crew gemütlich beim Nachtessen. Unser Sohn ist lieb und sehr anständig, nur sitzen kann er nicht. Das heisst, er kann schon sitzen, er hat keinen Schaden oder so, er kann einfach nicht lange stillsitzen. Irgendwann verspürt er den Drang aufzustehen, das ist echt extrem bei ihm. Er erträgt es dann wirklich nicht mehr, auf dem Stuhl sitzen zu bleiben, lieber steht er neben dem Tisch und ist weiterhin lieb und anständig – Hauptsache, er steht. Er ist ein absoluter Bewegungsmensch – unser Windhund.
An diesem Abend war es auch so, er hatte keine Ruhe. Da wir ja in den Ferien waren, erlaubten wir ihm ausnahmsweise – obwohl ich sonst, was Tischmanieren betrifft, sehr streng und konsequent bin –, den Tisch ganz zu verlassen. Er wollte beim Kellner nach Brotstücken fragen, um die Babyhaie zu füttern, die immer ganz nahe an das Ufer kommen. Als wir alle mit dem Essen fertig waren, wollte auch unser Töchterchen den Tisch verlassen und zu ihrem Bruder. Klar durfte auch sie das. Nach kurzer Zeit kam sie zu uns zurück und fragte, wo denn genau ihr Bruder wohl sei. Wir wussten es nicht. Es dauerte nicht lange, und ich wurde nervös.
Ich war es von meinem Sohn nicht gewohnt, dass er irgendwas anstellte oder zu weit weg lief. Wo konnte er also nur sein? Ich ging zum Strand, Strand ist gut, wir wohnten «auf dem» Strand, ich konnte ihn aber nirgends finden. Die ganze Crew bekam das mit und bot mir gleich Hilfe an. Wir waren nun also etwa zu

zwölft, alle am Suchen und Rufen ... Meine Fantasie ging allmählich mit mir durch. Ist er ins Meer gefallen? Mein Baby zu den Babyhaien?! Schwimmen konnte er noch nicht! Ist er ertrunken?! Wo um Himmels willen ist mein Baby? Ich wurde beinahe, oder doch ein bisschen mehr, hysterisch!
Irgendwann, nach einer gefühlten Ewigkeit, rief eine der Airline-Bordkatzen: «Da ist er ja!» und zeigte unter den Tisch, an dem wir die ganze Zeit gesessen hatten ...
Mir fiel ein Riesenstein vom Herzen! Mein Kleiner war verlegen, er schämte sich regelrecht. Er habe einfach Verstecken spielen wollen, als dann aber alle wie aufgescheuchte Hühner umherflatterten und nach ihm schrien, traute er sich nicht mehr unter dem Tisch hervor. Nach dieser Aufregung war eine Runde Schnaps für alle angesagt ...

Verstecken ist sowieso ein Scheissspiel. Schon als Kind fand ich das doof. Nicht dass ich nie ein geeignetes Versteck gefunden hätte, neeeein ganz im Gegenteil! Ich hatte immer die besten Verstecke. Nur war es jedes Mal so, aber echt jedes Mal, dass ich von meinem Darm aus meinem Versteck rausgezwungen wurde, da dieser zwingend was zu erledigen hatte, ein Scheisskerl, sage ich euch, wortwörtlich! Seither finde ich dieses Spiel doof.

Die Monate vergehen

Raus aus den Federn, es warten so viele spannende und herausfordernde Aufgaben auf mich. Wohin gehe ich heute einkaufen? Soll ich den Aktionen nachjagen oder doch lieber das kaufen, was wir auch wirklich brauchen? Und danach, zu meiner Mutter Kaffee trinken oder lieber zu meiner Freundin? Das wird jetzt eine schwierige Entscheidung!
Wenn ich zu meiner Mutter gehe, laufe ich Gefahr, dass mir für den Rest des Tages meine Ohren läuten. Du musst wissen, sie redet viel, sie redet laut und sie redet immer. Bestimmt redet sie noch im Schlaf. Ich muss mal meinen Papa fragen, wie er das mit der Nachtruhe so hinbekommt.
Gehe ich zu meiner Freundin, komme ich wieder spät nach Hause, und meine Kinder müssen sich einmal mehr mit Ravioli begnügen. Auch meine Freundin mag reden, hast du es bemerkt, nur irgendwie halt anders. Jetzt weiss ich's, ich hab's, ich gehe zu meiner Schwester. So meldet sich mein Tinnitus nicht allzu stark und es reicht erst noch für einen Spiegelei-Mittags-Festschmaus. Tja, gut planen und Prioritäten setzen will gelernt sein.
Die Sonne scheint, die Wäsche ist sauber geworden, und die Spinnweben an den Wänden und in den Ecken habe ich alle gefunden und weggefegt. So kann ich mich endlich der wunderbaren Aufgabe widmen, Staub zu saugen und danach bereits wieder das Nachtessen zu kochen. Es ist ja schon absolut spannend zu sehen, wo im Haushalt man schon überall durchgefegt hat. In keinem anderen Job ist so klar sichtbar, was bereits erledigt wurde und was nicht. Ist schon ein befriedigender Job, dieses Hausfrauendasein. Beim Kochen habe ich zwar

manchmal so meine Fragen. Da steht man Stunden in der Küche, es sei denn, man war mal wieder irgendwo auf Kaffeebesuch, dann sind es bloss noch Minuten, um zu schnippeln, rüsten und kochen. Und dann ist alles innert 10 Minuten gegessen. Oder noch schlimmer, Stunden wieder rausgeschi... da sage ich, Darm mit Charme ... Ist das fair, sag mal?
Da kann ich das Essen ja gleich ins Klo kippen – am besten roh! Tja, Mutti-Übel, geht ja allen gleich ... Ausser man ist eine lügende Prada-Tussi oder so ... die hat dann noch den Kinderhort oder Mc Donald's ...
Ich darf hier wirklich nicht jammern, ich koche ja gerne für meine Kinder. War auch einfach bloss eine klitzekleine Anmerkung.

Echt jetzt, ich bin doch ein riesengrosser Glückspilz! Wenn ich mir vorstelle, ich müsste jeden Morgen aus dem Haus, um Geld zu verdienen! Gute Gespräche führen mit meinen Mitarbeitern. Jeden Tag dieser lästige Tapetenwechsel, immer aus dem Haus raus. Am Abend womöglich noch mit Freunden auf ein Feierabendbierchen gehen und mich anschliessend einfach an den gedeckten Esstisch setzen, ohne Mitsprache bei der Menu-

Wahl, nö, das wäre echt nix für mich! Da widme ich mich lieber der stinkenden Schmutzwäsche und den immer schwieriger werdenden Hausaufgaben der Kinder!
«Also jetzt mal im Ernst, was braucht man denn noch mehr zum Glücklichsein?» Man oh man.
Moment mal, Definition von man?!
Die Definition von man mit zwei «n» kenne ich, werde aus denen mit zwei «n» zwar nicht schlau, aber kenne ich. Aber die Definition von man? Hhhmmmm..?! Keine Ahnung!
Man ist wie ein Mythos, wie ein Phantom. Jeder kennt man, aber niemand weiss, wer man ist. Man ist entweder Mann oder Frau, und doch sind alle irgendwie man. Ich glaube, ich blicke da nicht mehr durch. Das heisst ja dann wohl irgendwie, dass auch ich man bin, obschon ich Frau bin?!
Moment mal, bin ich denn überhaupt auch Frau, oder bin ich bloss man und Mutter, Einkaufsliesel, Rettungssanitäterin, Psychologin und Putzfrau? Bin ich tatsächlich man …?
Ich befürchte, wir sind alle ein bisschen man! Dann ist es auch nur logisch, dass definitiv auch ich man bin!
Man sollte noch den Müll rausbringen.
Man müsste dringendst die Fenster putzen.
Man muss lieb und anständig sein.
Man muss glücklich sein.
Man darf keine Schwäche zeigen.
Natürlich bin ich man!
Ich bin sowas von man!!! Wenn man man nicht schon erfunden hätte, hätte ich es getan.
«Ich bin die man-Verkörperung schlechthin.»

Ein paar Jahre und Falten später ...

Weisst du noch damals, das mit dem man? Ich = man, also nicht bloss ich, es gibt da draussen garantiert noch ganz viele andere män'er. Also so ganz typisch man bin ich eventuell doch nicht mehr, habe ich herausgefunden ... leider ...
Oder eigentlich befürchte ich, dass ich nicht die Bohne mehr man bin! Was in der Zwischenzeit passiert ist, weiss ich beim besten Willen nicht! Jede Frau ist doch man, zumindest jede Ehefrau aus meiner Verwandtschaft – also auch ich! Und jetzt ist mein man weg, einfach abgehauen – verkrümelt!
Wenn das mal gut geht, ein Leben ohne man – um Gottes willen! Ich will wieder man sein, unbedingt, ich war doch immer man!!! Ich war doch glücklich mit meinem man!
Wo ist mein man nur hin? Wo zum Teufel, verdammt nochmal (sorry, würde man da sagen), hat sich mein man bloss versteckt?

Man, bitte bitte komm zurück!
Ich brauche dich doch, man!

Meine Mutter, meine Schwester, meine Tanten, schlicht die meisten Frauen, die ich kenne, sind man, warum kann ich denn jetzt nicht mehr man sein? Ist mal wieder typisch für mich. Schon immer habe ich gemacht, was ich wollte, bin mit dem Kopf durch die Wand und habe mich ganz bestimmt nicht den Anderen angepasst. Das habe ich nun davon. Mein man hat die Biege gemacht! Aber – warum nur? Was habe ich denn getan? Ab jetzt möchte ich mich anpassen, hoch und heilig versprochen! Ich möchte wieder man sein, so wie alle anderen Frauen auch. Lieber Gott, bitte lass mich wieder man sein! Es hat doch all die Jahre so wunderbar funktioniert mit dem man, warum denn nur nun nicht mehr? Ich verstehe das nicht! «Komm zurück, man, bitte bitte verlass mich nicht! Ist denn das zu viel verlangt, oder was soll dieser Scheiss?»

Was ist bloss los?

«So, jetzt noch einmal zum Mitschreiben!»
Mein Leben ist toll. Ich möchte es mit niemandem (ööhhm, da wäre doch noch diese Frau, die …) auf der Welt tauschen.
Ich habe eine tolle Familie, und vor allem bin ich in der glücklichen Situation, einen Mann und zwei tolle Kinder zu haben. Grund zum Jammern hätte ich, wenn ich zwei Männer und ein Kind hätte! Aber dem ist ja nicht so, also! Warum kann ich trotzdem nicht mehr zufrieden und glücklich sein? Fehlt mir was, bin ich krank? Bin ich in einer Lebenskrise mit Mitte dreissig? Das liegt dann wohl also tatsächlich an den Genen. Meine Tochter «Extrem-früh-Pubertät» und ich nun «Extrem-früh-Lebenskrise»!

Verloren?

Hat mir mein verlorengegangenes man denn dermassen zugesetzt, dass ich mich nun so elend und alleine fühle, sag mal?! Scheiss-Karma! Dann gibt es wohl nur eine Lösung, ich muss mein man wiederfinden, unbedingt! Das ist etwas, das sicher ist! Sooo was von sicher!

«Man, melde dich, du bist umzingelt!»

Schwierige Aufgabe, wo könnte ich es bloss verloren haben? Im Vorratsschrank, wie damals meine Tochter? Auf der Post? Habe ich es einbezahlt?! Oder ist es im Supermarkt? Bestimmt habe ich mal wieder den Einkaufswagen vertauscht ...
Das würde auch erklären, weshalb ich so viele Aktionsprodukte zu Hause stehen habe, die ich eigentlich gar nicht mag. ... Also habe ich es doch tätsächlich im vertauschten Einkaufswagen im ausklappbaren Sitzchen vergessen.

Ich darf gar nicht darüber nachdenken, wo überall mein man geblieben sein könnte. Zur Polizei kann ich auch nicht, die sind im Stande und geben mir noch einen richtigen Mann mit nach Hause, weil sie man nicht finden – nicht lustig!
Ich will doch ... ach ... Ich denke, ich muss mich wohl mit der Tatsache abfinden, dass mein man weg ist, ein für alle Mal!

«Wie sage ich das bloss meinem Mann?!»

Er ist es sich doch so sehr gewohnt, dass ich man bin. Dass man den Haushalt macht. Dass man sich freut, wenn der Mann am Abend, oder zehn Tage später, nach Hause kommt. Dass man gute Laune haben muss. Dass man es als wichtig erachten muss, was die Nachbarn von einem denken. Dass man weiss, wer der Chef im Hause ist.
«Was jetzt? Was soll ich jetzt tun? Man verliert doch nicht einfach so sein man! Durchatmen und überlegen ...»
Jetzt liegt es an mir, ich muss unbedingt rauskriegen, warum sich mein man verabschiedet hat. Verabschiedet wäre ja noch nett, da hätte ich noch mit ihm diskutieren können, aber nein, einfach auf und davon ...! Zägg bummm ... tschüss ...

«Also streng dich an, was ist es, das du willst? Was brauchst du zum Glücklichsein?»

Jetzt, ich hab's!

Es ist der Hund und die Katze, die mir fehlen! Ja klar, logisch, warum nur bin ich nicht eher darauf gekommen. Schliesslich gehören diese zwei Tiere zum typischen Schweizer Familienbild mit dazu. Man hat einen Jungen, ein Mädchen, einen Hund und eine Katze, basta!
Genau! Yeah, das ist es! Das wird es sein, Bello und Miezi fehlen mir. Die müssen her, dann geht es mir wieder besser, ganz bestimmt!

Die Monate vergehen, die Falten kommen ...

... aber noch keine grauen Haare. Anstelle der zwei Tiere habe ich mir Arbeit angeheuert. Ist ja auch nett, so habe ich was zu tun, bin abgelenkt und habe keine Zeit mehr, mich über mein Leben zu beschweren! Zudem bringt es was ein, denn Katzenklo, Whiskas und Hundefutter sind ja auch nicht billig ... Es ist ein Job in einer Bar, in einer Café-Bar, um genauer zu sein.

Es gefällt mir hier sehr gut. Die Gäste geben ja auch nicht viel mehr zu tun als ein Hund und eine Katze ... Höchstens ich komme auf den Hund ...
Meine Aufgabe ist echt toll, ich liebe es, arbeiten zu gehen. Ich habe Abwechslung, es warten neue Herausforderungen auf mich, und ich lerne viele neue Menschen kennen.
Es ist so spannend da draussen! Ausserhalb meiner vier Wände wird ja richtig gelebt – echt krass!
Hast du zum Beispiel gewusst, dass sich die Erde dreht? Ich habe das vollkommen vergessen. Das Einzige, was sich bei mir noch dreht, ist der Magen, wenn ich mal wieder in die Wasch-

küche komme und vor lauter Dreckwäsche meine Maschine nicht mehr sehe, die wieder mal die Trommel drehen sollte … Meine Welt hat sich vollkommen verändert, wie bereits erwähnt, sie dreht sich wieder. Auf einmal nehmen mich die Leute wahr, ich meine so richtig wahr!
Ich werde nach vielen Jahren in Vergessenheit endlich mal wieder als Frau gesehen, ich werde wahrhaftig wahrgenommen.
Ich bin kein Geist mehr, kein Gespenst, kein Phantom, kein Schatten, mich gibt es wirklich. Das ist ja Wahnsinn, der absolute Wahnsinn! Hier sieht mich niemand als das Ding an, das mit dem Staubsauger durch das Haus flitzt, gut, flitzen ist sowieso ein wenig übertrieben, ich mache mir eben nicht viel aus Sport. Ich bin auch nicht mehr das Wesen mit dem Babykotzfleck auf den Schultern. Auch nicht die Karotten schneidende Häckselmaschine aus der Küche. Hier bin ich auch nicht wie Zuhause, die Frau des Piloten, der bei einem Kind im Bauch ohne Emotionen und Gefühlen, einen Schalter wie in seinem «Jumbo Jet» kippt und heiratet …

«Nein, die sehen einzig und alleine mich! Das ist ja so was von genial, HAMMERGENIAL!»

Wow, ich kann's kaum fassen. «Welt, ich bin zurück, das ist ja irre!» Ich merke immer mehr, wie gut mir meine Aufgabe hier in der Café-Bar tut. Ich blühe förmlich auf. Ich – eigentlich ein Morgenmuffel schlechthin – habe noch nicht einmal Mühe, am Morgen aus dem Bett zu kommen. Meine Mutter wird ein Kreuz an die Decke malen, wenn sie das hier liest. Ich lerne so viele liebe Menschen kennen. Gut, ein paar andere sind auch mit dabei, aber es sind richtige, lebendige Menschen, die mit

mir kommunizieren, nicht nur der Staubsauger und der Kühlschrank wie zuhause …
Von manchen kenne ich nun bereits die halbe Lebensgeschichte. Von anderen die ganze, was nicht immer nur cool ist. Denn wer will schon wissen, was für eine Unterhosenmarke jemand trägt oder ob überhaupt. Ist halt so …
Was für mich aber ganz neu ist: Ich lerne mich selber kennen! Spannend und erschreckend, manchmal sogar auch traurig, was da alles zum Vorschein kommt … Ich habe immer gedacht, dass ich mich kenne. Schliesslich spaziere ich ja immerhin schon mein ganzes Leben lang mit mir herum, mit oder ohne Unterhose … Aber ich muss mir eingestehen, dass da ganz viele Charaktere und Aspekte von mir zum Vorschein kommen, von denen ich noch nicht mal im Traum (oder Alptraum) gedacht hätte, sie zu haben. Nicht immer lustig, ich sag's dir!
Ich muss nun vielleicht ein bisschen ausholen und mit meiner Erzählung ein paaaaar Jährchen zurückgehen, damit auch du mich besser kennenlernen kannst …

Replay bitte ...

Ich bin vor 36 Jahren in eine ganz normale Familie hineingeboren worden. Gut, was ist schon normal, wir sind es definitiv nicht! Entschuldigung, jetzt hat mich die Lügerei doch auch noch kurzzeitig erwischt.
Also, Mama, Papa und meine grosse Schwester waren schon da, die waren etwas schneller als ich. Meine Schwester liebe ich über alles, sie war immer mein grosses Vorbild.

Wir kamen schon immer sehr gut klar miteinander. Natürlich gab es manchmal auch Streit oder sogar Schläge, aber wirklich nur sehr sehr selten, weil sie mir meist artig gehorchte.
Meine Mutter amüsierte sich immer köstlich, wenn wir uns mal wieder aufs Dach gaben. Meine Schwester ist drei Jahre älter als ich, deshalb war sie natürlich auch um einige Zentimeter grösser. Das hiess dann immer für mich: Achtung aufgepasst, jeder

Schlag von ihr landet auf meinem Kopf. Ist ja logisch, bei ausgestreckten Armen war mein Kopf für sie die nahegelegenste Zielscheibe. Ich wiederum gab natürlich zurück, logisch, auch mit ausgestreckten Armen. Bei meiner Grösse traf ich meistens sehr erfolgreich ihren Magen. Wie du dir bestimmt vorstellen kannst, war beides nicht wirklich kuschelig.
Das merkten wir dann auch immer relativ schnell und versöhnten uns meistens nach kurzer Zeit wieder.
Schlimmer als die Schläge war für uns beide jedoch jeweils die Reaktion unserer Mutter. Neeein, sie versuchte den Krieg nie zu beenden, sie stand bei jeder Prügelei einfach nur mit verschränkten Armen neben uns und lachte. Und sie lachte laut! Hysterisch beinahe, so kam es mir auf jeden Fall immer vor.
«Es sieht so lustig aus», sagte sie immer.
Lustig?! Ist das nicht fies, ist das nicht saufies? Hättet ihr euch unter solchen Umständen noch weiter geprügelt? Sicher nicht!! Was meint die denn eigentlich? Dass wir ein kostenloser Comedy-Club sind oder was? Ihr Verhalten war bestimmt ganz stark der Grund, warum wir uns nur sehr selten prügelten. Wir waren schliesslich keine Zirkusaffen!
Es gab aber natürlich auch Zeiten, da wollten meine Schwester und ich uns beweisen, wie lieb wir uns hatten, und wir tauschten den bereits langweiligen, faden, über mehrere Stunden gekauten Kaugummi. Ganz schön ekelhaft, nicht?! Spucke von meiner Schwester, womöglich noch mit Essensresten im Kaugummi verklebt. Dieser Gedanke geht mir durch Mark und Bein, einfach nur widerlich. Aber was soll's, wir haben es beide überlebt. Manchmal gab sie mir ihre absoluten Lieblingskuscheltiere in mein Zimmer in die Ferien. Ich fand das immer extrem lieb. Sie vertraute mir ihre Plüschis an, wenn das mal

kein Liebesbeweis war! Was aber der wirkliche Grund dafür war, dass ihre Kuscheltiere seltsamerweise immer bereits am selben Abend, wenn ihre Schulfreunde wieder nach Hause gegangen waren, wieder aus den Ferien zurück in ihr Kinderzimmer wanderten, war mir in meiner kindlichen Naivität nie so wirklich klar.

Sie führte mich oftmals an der Nase herum, immer ganz lieb und gekonnt, und strahlte mich mit ihren braunen Dackelaugen an. Beim Thema «Wettessen» fiel ich immer und immer wieder auf sie rein. Manchmal brachte uns unsere Mutter ein Dessert mit nach Hause. Es war immer dieselbe Nachspeise, Caramel-Crème mit einem Sahnehäubchen. Zum Verrücktwerden gut!

«Komm, wir machen ein Wettessen!» Oh ja, ich war schon ganz schön blöd. «Wer das Dessert zuerst gegessen hat, hat gewonnen. Achtung, fertig, los!»

Mein Nachtisch war jedes Mal innert Sekunden in meinem Magen! In der Zwischenzeit hatte meine Schwester vielleicht zwei Löffel gegessen, ihre hektischen Bewegungen hatten mir allerdings jedes Mal etwas anderes vorgegaukelt. Dann sagte sie ganz cool: «Okay, du hast gewonnen.» Genüsslich zelebrierte sie schlussendlich jeden einzelnen Löffel. Noch nie zuvor hatte ich einen Menschen langsamer essen sehen, während ich ihr dabei gefühlte zwei Stunden sabbernd zuschauen musste. Und das jedes Mal, echt! So doof war ich, jawohl!

Mit dem Taschengeld war es nicht viel besser. Wir hatten beide eine Sparbüchse mit zwei Seiten. Die eine Seite liess sich problemlos öffnen, die andere war zum Sparen gedacht und benötigte einen Schlüssel, der auf der Bank deponiert war. Ich hatte nie Geld, immer alles restlos aufgebraucht. Meine arme Schwester hatte aber auch nie Geld, obschon sie mehr bekam als ich und zudem einen Patenonkel hatte, der ihr immer, wenn er auf Besuch war, ein 5-Franken-Stück schenkte, das habe ich bis heute nicht verkraftet!

Der Mittwochnachmittag war dazu da, das Taschengeld auf den Putz zu hauen, schliesslich hatten wir am Nachmittag frei und Zeit dafür. Also war für mich ganz klar, dass ich die «Sparbüchsen-Schlüsselseite» knacken musste, um an Geld zu kommen. Glücklicherweise hatte ich zum Geburtstag mal einen Werkzeugkoffer geschenkt bekommen.

Das Aufbrechen war ein Kinderspiel, das hatte ich schon mit etwa sechs Jahren wunderbar hingekriegt. Meine Schwester «wollte» das bei ihrer Sparbüchse auch tun, aber irgendwie ging es nicht. Das arme Ding hatte zu wenig Kraft, drei Jahre älter als ich, bitte nicht vergessen. Sie hatte echt eine verhexte Spardose, die sich unter keinen Umständen öffnen liess!

Also gingen wir jedes Mal mit meinem Geld Süssigkeiten kaufen. Natürlich teilte ich immer, denn all das «Übelkeit verursachende Zeugs» alleine zu essen, wäre nicht lustig gewesen.

Noch nicht mal, als wir alle paar Monate stolz mit unserem Ersparten zur Bank gingen, schnallte ich, was da abging. Meine Schwester wurde von der Dame am Bankschalter immer gelobt, weil sie so toll und viel gespart hatte. Ich musste mir immer anhören, dass meine Sparbüchse nicht zum Knacken da sei, ich hatte es nicht im Griff, das Ding zu öffnen, ohne massivste Kratzspuren zu hinterlassen – ausserdem lohnte es sich kaum, das bisschen auf das Konto einzuzahlen. Tja, so war sie, meine gute, liebe Schwester ...

Ich glaube, was dieses Thema angeht, so hat mich das wohl irgendwie geprägt. Heute bin ich jemand, der kaum noch teilen kann! Also nicht erst heute, bereits als etwas älteres Kind hat

das bei mir schon angefangen.
Ich weiss es noch, als ob es gestern gewesen wäre. Immer wenn ich bei meiner Patentante in den Ferien war und wir irgendwo unterwegs waren, bestellte sie jeweils für uns Kinder eine Flasche Sprudelwasser oder was auch immer. Eine Flasche für vier Personen. Genauso war es mit dem Essen, es wurde immer alles geteilt. Heute als Mutter verstehe ich das natürlich, aber damals verzichtete ich lieber ganz, als unter Umständen weniger zu bekommen als die Anderen. Auch jetzt im Erwachsenenalter ist das noch so.
Neulich war ich mit meiner Mutter und meiner Schwester beim Chinesen. Meine Schwester meinte: «Toll, wir können ja alle etwas anderes bestellen und dann von jedem was probieren.» Na spinnt die?! Ich sagte ihr sofort, dass das unter keinen Umständen geht. Ich teile doch nicht mein Futter – niemals! Meine Mutter und meine Schwester lachten laut und schüttelten nur den Kopf. Seither werde ich nie mehr gefragt, ob ich mein Essen teilen möchte, alle wissen Bescheid.
Auch sonst habe ich immer das Gefühl, ich käme zu kurz, egal bei was. Ist echt ganz schön anstrengend mit mir! Wie auch immer, wer von uns allen hat denn nicht einen kleinen Knall aus seiner Kindheit.
Schon wieder abgedriftet, sorry, jetzt aber zurück … Einmal gingen wir zum nahegelegenen Spielplatz, um rumzutoben. Wie aus dem Nichts stand auf einmal ein kleiner Junge vor uns. Gut, klein, ich war nicht wirklich grösser als er. Aber mit meiner Schwester an meiner Seite fühlte ich mich ihm gegenüber verständlicherweise absolut überlegen und viel viel reifer und grösser. Er war oft bei unserer Nachbarin zu Besuch, wir kannten ihn. Noch nie hatte er uns was Böses getan, ganz im Gegen-

teil, wir mochten ihn sehr. Er war immer sehr lieb und anständig, sogar eher ein wenig schüchtern.
Welcher Teufel uns an diesem Tag ritt, kann ich nicht mehr sagen. Gibt es überhaupt mehr als einen Teufel? Keine Ahnung, auf jeden Fall muss es ein Teufel gewesen sein. Der «Kleine» wollte mit uns spielen. «Klar, gerne, aber die Rutsche darfst du nicht runter», sagten wir ihm.
Als er uns nach dem Grund fragte, sagte meine Schwester – oder war ich es? –, dass er die Hosen runterlassen solle, erst dann dürfe er rutschen.

Der Junge verstand die Welt nicht mehr. «Warum muss ich denn das tun?», fragte er. «Das gilt als Eintrittskarte», antwortete meine Schwester. «Ach so.» Für ihn schien das weiter kein Problem zu sein. Noch ehe wir uns beinahe vor Lachen gekugelt hätten, waren seine Hosen runter. Ja, er tat es, er tat es wirklich! Eigentlich wollte ich seinen Zipfel gar nicht sehen!
Aber ich sah ihn! Klein und schrumpelig, beinahe wie eine schlecht abgetrennte Nabelschnur.

Ich weiss nicht, ob man das als Trauma deklarieren kann, das mich für immer prägen konnte. Auf jeden Fall war klar, dass ich im zarten Alter von etwa fünf Jahren beim Anblick dieses kleinen «Schrumpelteilchens» restlos überfordert war!
War das womöglich der Auslöser meiner nahenden Zipfel-Phobie? Ich weiss es nicht – es war einfach nur schlimm!! Wir erlebten viele verrückte Dinge miteinander, meine Schwester und ich. Wenn ich hier aber all unsere Storys niederschreiben würde, würde das den Rahmen sprengen ...
An einem Sonntagnachmittag waren wir spazieren. Nur meine Schwester und ich, ganz allein. Weiss der Geier, warum wir alleine unterwegs waren. Mich wundert es ja auch, dass wir das gelegentlich heute noch tun!
Nur, heute sind wir alt und dürfen das, oder müssen das, ja, man macht das halt – oder sollte es den Gelenken zuliebe halt gelegentlich tun. Aber damals waren wir vielleicht vier und sieben Jahre alt und bekamen noch nicht mal einen Preis dafür. Wir taten es einfach, freiwillig, denke ich doch. Freiwillig spazieren – unvorstellbar.
Wir landeten bei uns im Dorf in einem «Neuenviertel». Direkt vor uns sahen wir eine grosse Baustelle. Mir fiel sofort die riesengrosse Infotafel auf, auf der ein fertiges Haus abgebildet war. «Was steht denn darauf geschrieben?», fragte ich meine Schwester. Sie konzentrierte sich ganz enorm und las mir vor, was auf dieser Tafel stand. «Hier entsteht das schönste Haus im ganzen Dorf», las sie mir fehlerfrei vor. «Puaahh, das schönste Haus? Steht das hier geschrieben?» Sie bemühte sich, mir alles noch einmal vorzulesen. Tatsächlich, das schönste Haus in unserem Dorf sollte hier entstehen, unglaublich!
«Warum ist denn die Abbildung so hässlich?» Noch nie zuvor

hatte ich ein hässlicheres Bild von einem Haus gesehen als dieses. Es sah aus, als ob sie hier eine Seilbahnstation bauen würden. Mit schrägem Flachdach und rauer Fassade. Ich war entsetzt! Meine Schwester auch! Wir konnten kaum glauben, was auf dieser Tafel stand! Total entsetzt und unglaublich verwirrt gingen wir nach Hause.

Jahre später, ich glaube, es war an meiner Hochzeit, gestand mein grosses Vorbild, meine grosse Schwester, mir in Form eines Gedichtes, dass sie damals vor dieser Baustelle irgendetwas erfunden hatte, weil sie selber noch nicht lesen konnte, sich aber keine Blösse geben und mich nicht enttäuschen wollte.

Ich denke, ich hätte besser verkraften können, dass meine Heldin selber noch nicht lesen konnte, als glauben zu müssen, dass aus diesem hässlichen Stück Beton das schönste Haus im Dorf werden sollte. Wenn das nicht wahre Geschwisterliebe ist :)

Wir waren sowieso so gut wie immer ein super Team. Das kommt bestimmt auch daher, dass wir als Kinder (gelegentlich als noch sehr kleine Kinder) sehr häufig alleine zu Hause waren. Meine Eltern waren am Abend sehr oft damit beschäftigt, in der Werkstatt (die nicht gleich um die Ecke war) noch bis in alle Nacht hinein zu arbeiten.

Das hiess dann für uns, dass wir auch alleine zu Bett gehen mussten. Meine Mutter stellte uns jeweils den Wecker, der uns anzeigte, wann es Zeit für uns war, schlafen zu gehen. An einem Abend, ich erinnere mich bloss noch vage daran (meine Mutter erzählt es aber noch immer so, als ob es erst gestern gewesen wäre), waren wir also mal wieder alleine. Angst hatte ich nie, obschon ich noch klein war (ich war noch nicht einmal im Kindergartenalter), aber ich hatte ja immer meine grosse, starke Schwester bei mir.

Gut, stark ist relativ. Ich denke, ich war stärker als sie oder einfach mutiger. Immer wenn sie heulend nach Hause kam und erzählte, dass eine aus der Schule sie eine «dumme Kuh» genannt hatte, was ja wirklich sehr schmerzt, wurde ich fuchsteufelswild. Ich holte sie dann am Nachmittag von der Schule ab, rannte mit Gebrüll hinter der «dumme Kuh rufenden» doofen Schülerin her und machte ihr Angst. Diese (vier Jahre älter als ich) rannte jedes Mal heulend nach Hause und liess meine Schwester wieder für ein paar Tage in Ruhe. Nie hatte ich mir Gedanken gemacht, was passieren würde, wenn dieses Mädchen nicht jedes Mal heulend davonrennen würde, sondern sich mir, der Oberfurie, stellen oder mich verhauen würde. Ich hätte keine Chance gehabt! Solche Dinge musste ich mir aber auch nie überlegen, denn kaum sah sie mich, haute sie ab, und der Sieg war mir so gut wie sicher!
Okay, jetzt aber zurück zu dem besagten Abend ... Ich also mit meiner grossen Schwester alleine zu Hause. Wir fühlten uns jedes Mal extrem gross und beinahe erwachsen, die Chefs der Wohnung halt. Auch an diesem Abend stellte uns meine Mutter den Wecker, der uns erinnern sollte, wann für uns Bettzeit war. Meine Mutter war gespannt, ob wir uns an die vereinbarte Zeit halten würden oder nicht. Normalerweise zweifelte sie nicht daran, da wir wirklich liebe Kinder waren. Gut, wir hatten auch nie eine Chance, etwas anderes zu sein, da sie immer, bevor sie wegging, den beschissenen Satz sagte: «Ich bin stolz auf euch, stolz darauf, dass ihr keine Dummheiten macht.» Wie, bitteschön, soll man denn da noch was Blödes anstellen können?! Noch nicht einmal ich konnte das, obschon mein Gewissen seit meiner Geburt massiv kleiner war als das meiner Schwester, es ging einfach nicht! Diesmal war sich meine Mutter aber nicht

so sicher, als sie uns den «60-Minuten-Eierwecker» aufgezogen hatte, da der Kinderfilm ein paar Minuten länger dauerte.

Am nächsten Morgen dann stellte sie uns zur Rede. «Ihr seid nicht zu Bett gegangen, als der Wecker geklingelt hat, stimmts?!» Wir fühlten uns ertappt. Warum nur hatte sie das rausgekriegt? Hatte uns der Nikolaus verraten? Wir brachen in Tränen aus, weil wir nicht folgsam gewesen waren.
«Warum seid ihr beim Klingeln denn nicht wie vereinbart ins Bett?» Unter einem Strom von Tränen erzählten wir ihr, dass wir so müde gewesen waren und nicht mehr warten wollten, bis dieser doofe Wecker endlich klingelte – deshalb waren wir früher schlafen gegangen. Tja, so waren wir, süss, nicht? Wir hatten so ein schlechtes Gewissen …
Einmal hatte mich nicht das schlechte Gewissen gepackt, sondern die Peinlichkeit schlechthin (sofern ein drei oder vier Jahre altes Kind so etwas wie Peinlichkeit überhaupt schon packen kann). Meine Schwester und ich liebten es, in die Sonntagsschule zu gehen. Eigentlich durfte ich da noch gar nicht hin,

weil ich noch zu klein war. Da meine Schwester der Sonntagsschullehrerin aber versichert hatte, dass ich ein ganz braves und ruhiges Kind sei und sie mich unbedingt einmal mit zum Unterricht nehmen wollte, willigte sie ein. Ich freute mich riesig. An den Wochenenden schliefen meine Eltern jeweils aus, was uns auch nicht weiter störte, schliesslich waren wir schon gross und konnten uns alleine anziehen und etwas zum Frühstück machen.
Hübsch angezogen und aufgeregt ging es dann also los Richtung Sonntagsschule. Damals hatten wir noch Sonntagskleider. Ich mochte die nicht sonderlich, da ich nicht gerne Röckchen trug und diese weissen «Löcher-Kniesocken» so unangenehm piksten! An diesem Tag war mir das aber egal, Hauptsache, mit den Grossen zum Unterricht.
Meine Schwester hatte nicht übertrieben, ich benahm mich wirklich ganz artig, hörte aufmerksam zu und störte absolut nicht. Ich fand den Unterricht spannend. Die Holzstühle mochte ich nicht, aber der Unterricht war wirklich toll. Die Lehrerin freute sich über das liebe Kind (mich) und lud mich auch gleich wieder für den kommenden Sonntag zum Unterricht ein.
Ich fand es toll und freute mich auch schon riesig auf das nächste Mal. Als wir wieder zu Hause angekommen waren, wollte meine Mutter wissen, wie es mir denn gefallen hätte. «Es war schön, ich darf auch wieder hin, aber es ist so kalt dort.» – «Hast du denn unter der Strumpfhose nicht deine Winterunterhose angezogen, die gibt doch schön warm?» Diese Unterhose liebte ich in etwa so sehr wie die weissen Löcher-Socken. Ich hatte ein rosafarbenes Paar und ein gelbes mit braunen Tüpfelchen, eigenhändig gestrickt von meiner Grossmutter. Ich liebte

meine Grossmutter über alles, aber ich hasste diese Wollteile, die zwickten überall. Vor lauter Noah (oder Moses – keine Ahnung mehr) wusste ich nicht mehr, was ich mir am Morgen – so aufgeregt, wie ich war – angezogen hatte. Also hob ich mein Röckchen und schaute nach. Ich sah nichts!
Keine Strumpfhose. Nichts Rosafarbenes und auch nichts braun Getüpfeltes, einfach nichts! Keine Unterhose! Gar keine! Überhaupt keine, nichts, nada – nackt! Kein Wunder, hatte ich diese kalten Holzstühle nicht gemocht …
Tja, so wurden wir zwangsläufig zur Selbständigkeit erzogen, was auch funktionierte – heute trage ich Unterhosen, wenn auch nicht mehr die rosafarbenen und auch nicht gelbe mit braunen Tüpfelchen!
So, jetzt höre ich aber definitiv auf, aus dem Nähkästchen zu plaudern …

Meine Mutter ist eine ausgeglichene Frau

Meine Mutter war für meine Schwester und mich nicht nur Mutter, sondern zugleich auch Freundin. Wir durften ihre Kleider tragen für die Disco. Wenn ich mir das heute vorstelle, na ja, dann bleibe ich wohl lieber zu Hause, aber damals war das total cool. Eigentlich haben wir ihr immer alles erzählt, also zumindest ich, ich weiss nicht, wie offen meine Schwester ihr gegenüber war.

Ich habe meiner Mutter sogar von meinen exzessiven «Skiferien» erzählt, aber erst Jahre später. Meine Mutter ging in dieser Woche mit meinem Vater nach Österreich zum Ski fahren. Meine Schwester war in dieser Zeit … Ja, wo war sie denn? Ich glaube, sie war in dieser Zeit als Au-pair in der französischen Schweiz, um die Sprache zu lernen und so.
Auf jeden Fall war sie die ganze Woche nicht zu Hause. Ich also «allein zuhaus». Wie cool ist das denn?! Meine Mutter hatte gesagt, damit ich nicht sieben Tage alleine und traurig zu Hause sein müsse, könne ich mir für diese Tage doch zwei Freundinnen einladen. Das liess ich mir natürlich nicht zweimal sagen.

Mit der Zahl «zwei» jedoch hatte ich so meine liebe Mühe.
Wie viele Leute in dieser Woche tatsächlich in unserer Bude waren, kann ich nicht mehr sagen. Vielleicht drei oder so ...
Einmal kam mir am Morgen im Flur ein Junge entgegen, der mich fragte, wer bitteschön ich denn sei. In dieser Woche wusste ich es ehrlich gesagt manchmal selber nicht, und dass ich hier wohnte und ihn noch nie im Leben gesehen hatte, schien mir irgendwie auch nur ein Detail zu sein.
Diese Woche artete extrem aus, nicht bloss, weil ich fremden Menschen nichtwissend Asyl gegeben hatte, sondern auch noch wegen ein paar anderen Dingen. Unser Holztisch zum Beispiel hatte auf einmal ein Brandloch von ca. 3 cm Durchmesser, schön in der Mitte der Platte. Wie das entstanden war? Keine Ahnung, vielleicht ein Blitzeinschlag?
Auch mit der hauseigenen Bar geschah etwas Seltsames. Sie war leer, restlos leer, sah aus wie leergesoffen. Vielleicht Risse in den Flaschenböden? Wie auch immer diese skurrilen Phänomene hatten auftreten können, ich musste sie wieder in Ordnung bringen.
Da ich mit meinem Taschengeld und meinen 15 Jahren keinen hochprozentigen Alkohol organisieren konnte, kam ich zwangsläufig auf eine geniale Idee. Also ich finde sie heute noch einsame Spitze, das heisst, solange meine Kinder heute nicht auch auf so eine schwachsinnige Aktion kommen. Ich füllte die Flaschen mit warmem Wasser, ein wenig rochen sie ja noch nach Alkohol, Gott sei Dank, und mit Farbstiften sorgte ich für den richtigen farblichen Zusatz. Ich schnappte mir einen Spitzer und kippte die feinen hellblauen, dunkelgrünen, roten und gelben Farbstiftkrümel, die es beim Spitzen gibt, fein säuberlich in die Flaschen. Dann ein wenig ziehen lassen, ein wenig

schütteln, und fertig war der Blue Curaçao, die grüne Banane, der Cynar und wie sie alle hiessen ...
Und wenn die Farbstiftschachtel schon mal hervorgeholt ist, dachte ich, dann bringt man mit diversen Braunschattierungen bestimmt auch das Brandloch wieder zum Verschwinden, oder zumindest fast. Ein popliges Häckeldeckchen darüber half noch zusätzlich.
Du glaubst es nicht, meine Eltern bekamen nie etwas davon mit. Das spricht auf jeden Fall für sie, sie sind offensichtlich keine Eltern, die heimlich an die Hausbar saufen gehen. Meiner Mutter erzählte ich Jahre nach unseren «coolsten Skiferien des Lebens» von unseren kleinen Missgeschicken. Mein Vater denkt bis heute, ich sei ein anständiges, liebes Kind und ein unauffälliger, angenehmer Teenager gewesen.
Das war nämlich immer seine grösste Sorge gewesen, dass seine Kinder zu sehr wie er selber herauskommen könnten. Deshalb wollte er nur Mädchen und keine Jungs, in der naiven Annahme, dass Mädchen immer lieb und nett bleiben und keinen Quatsch anstellen. Ich denke nicht, dass mein Bruder, wenn ich einen gehabt hätte, mehr Gas hätte geben können, ich war doch schon oft recht am Limit.
Meine Mutter kannte auch all meine Freunde. Sie wunderte sich immer, wie ich es fertigbrachte, so viele Jungs auf einmal in mein kleines Zimmer zu kriegen. Bei uns war die Bude immer voll. Sie kannte die BRAVO-STARS meiner Zeit und war eigentlich immer ziemlich up to date, das fand ich richtig toll.
Ich hatte ihr sogar von unserem Kondom-Platzer erzählt! Gut, hätte ich nicht müssen, sie hatte es eh «hautnah» mitbekommen. Sie gemütlich in der Stube, und ich ... hysterisch schreiend aus dem Zimmer und in das Bad gestürmt ...

Mein Vater interessierte sich nie sonderlich für uns, dafür hatte er keine Zeit

Mein Vater hatte damals ein eigenes Geschäft und war schwer damit beschäftigt, Kunden zu gewinnen und seine Arbeit gut zu erledigen. Eigentlich wusste er gar nichts über meine Schwester und mich.

Er kannte kaum einen unserer Freunde. Er war nie auf einem Schulbesuch. Er kannte unsere Lehrer nicht. Er hatte überhaupt nie etwas mit unserer Schulzeit zu tun. Das fand ich oftmals sehr schade. Gerne hätte ich gesehen, dass er mit seinem Temperament meinen Lehrer mal verhauen hätte. Ach ja, hast du es bemerkt, ich mochte meinen Lehrer nicht sonderlich. Mein Lehrer war ein Arschloch! Ein richtiges Arschloch, wie es sie Gott sei Dank heute in den Schulen nicht mehr gibt. Stell dir mal vor, in der Zehn-Uhr-Pause mussten wir für ihn Zigaretten kaufen gehen. Ja, du hast richtig gehört. Wir mussten das Schulgelände verlassen, was so viel ich weiss ja strengstens verboten war, um für dieses Arsch Zigaretten kaufen zu gehen.

Vielleicht muss ich noch erwähnen, dass er Primarlehrer war, er unterrichtete Schüler von 7 bis 10 Jahren. Die Schulpflege erlaubte sogar, dass dieser Tyrann während des Unterrichts im Klassenzimmer rauchen durfte, damit er erträglicher war und uns Kinder nicht noch mehr fertigmachte! Krass, nicht?!!

Auf mich und zwei Jungs hatte er es besonders abgesehen, er hasste uns regelrecht. Immer wieder hämmerte er mit seinem dicken, ekelhaften, nach Rauch stinkenden Zeigefinger gegen unsere Schläfen, wenn wir mal etwas nicht gleich begriffen hatten. Unzählige Male flogen unsere Klassenarbeiten aus dem Fenster, und wir durften sie neu schreiben. Die Zimmertür kannte ich besser von aussen, da er mich immer wieder des Unterrichts verwies.

Dass er mich im Schwimmunterricht immer wieder verbal fertigmachte und laut schrie, dass ich nichts wert sei, nichts könne und es niemals zu etwas bringen würde, war nichts mehr Neues für mich, ich hatte mich schon lange daran gewöhnt (sofern man das überhaupt kann). Einmal jedoch trieb er sein perverses Spiel auf die Spitze. Wir mussten im seichten Wasser den Handstand üben.

Ich kriegte es nicht hin, ich kriegte es einfach nicht hin. Immer wieder spritzte es an jeder erdenklichen Ecke des Schwimmbeckens, weil wir alle einfach nicht senkrecht auf den Händen stehen konnten. Die Anderen liess er in Ruhe weiter üben, ich jedoch war einmal mehr ein gefundenes Fressen für ihn. Er brüllte, dass ich mir endlich mal Mühe geben sollte, und schrie: «Ich zeige dir jetzt, was ein ordentlicher Handstand ist.» Er packte mich an den Beinen und stellte mich kopfüber ins Wasser.

Lange. Zu lange! Ich geriet in Panik und dachte echt, ich müsse ertrinken. In meiner Panik zappelte ich mit den Beinen und schlug wild um mich. Ich bin überzeugt, dass ihn das noch mehr anspornte, denn er liess nicht los. Für mich begann ein ernsthafter Überlebenskampf, ich dachte echt: Jetzt muss ich sterben! Panisch packte ich ihn dann am Bein und kratzte ihn, so fest ich konnte – dann liess er von mir ab.
Kein Wort kam über seine Lippen. Ich heulte, Mensch, ich war sieben Jahre alt! Ich erzählte niemandem etwas davon. Der Lehrer war in diesem Moment Abschaum für mich, nichts anderes als kleiner, dreckiger Abschaum! Dieses Erlebnis führte dazu, dass ich einen Menschen zu hassen lernte.
Trotz meinem Ekel und meinem Hass ihm gegenüber bemühte ich mich mehr und mehr. Ich wollte ihm alles recht machen. Ich wollte von ihm anerkannt werden, so wie alle Anderen auch. Aber von diesem Tag an ging es nicht mehr!
Ich hasse alles an ihm, sein Aussehen, seinen übelriechenden Raucher-Atem, seine durch Nikotin verfärbten, dicken, gelben Finger, seine biedere Kleidung, ja ich hasse sogar sein Auto. Ich schwor mir, dass ich eines Tages auf sein Grab spucken würde.
Heute, muss ich sagen, ist mir sogar meine Spucke zu kostbar dafür. Ich möchte es nicht mehr. Ich hasse ihn nicht mehr, er ist mir gleichgültig. Er ist mir sowas von egal. Wenn ich ihm heute auf der Strasse begegne, sehe ich ein kleines, erbärmliches Würstchen. Er tut mir leid, wirklich. Ich wünsche ihm alles Gute.
Ich klage dir da mein Leid von meiner Schulzeit, das wollte ich gar nicht. Ich denke, dass jeder schlechte Erinnerungen von seiner Schulzeit hat und vieles erzählen könnte, ich bin da be-

stimmt keine Ausnahme!

Eigentlich war ich ja bei meinem Vater, also zurück zu ihm ...

Mein Vater ist ein spezieller Mensch. Tief im Innersten herzensgut, aber nach aussen der Macho schlechthin. Alles muss nach seiner Pfeife tanzen. Für meine Schwester und mich war es ganz normal, dass unsere Mutter nicht viel zu sagen hatte, sie hatte uns das so vorgelebt, dass der Mann im Haus der Chef ist. So ziemlich das Einzige, was unseren Vater interessierte, war unsere Ausbildung: Er wollte, dass wir uns für eine Lehre oder eine Ausbildung entscheiden, die nicht lange dauert und mit der man viel Geld verdient. Okay, süss konnte mein Papa aber auch sein. Ich erinnere mich gut an meinen Velounfall.

Meine Schwester, eine Freundin von uns und ich lieferten uns ein Velorennen. Dummerweise hatten wir an diesem Tag nicht wirklich gute Kleidung an, ganz im Gegenteil. Da wir auf dem Heimweg vom Schwimmbad waren, hatten wir bloss die Badehose und ein T-Shirt an. Das Rennen ging los, und ich war auf der Poleposition! Um meinen Vorsprung auszubauen, trat ich wie eine Irre in die Pedale. Immer wieder schaute ich zurück, um zu kontrollieren, wo diese zwei lahmen Schnecken bloss blieben.

Blöderweise war in der Zeit, als wir im Schwimmbad waren, auf unserem Nachhauseweg eine scharfe Rechtskurve eingebaut worden. Genau in diesem Moment war mein Blick natürlich mal wieder nach hinten gerichtet, so dass ich diese doofe neue Kurve gar nicht mitbekam. Zack, da war es zu spät. Auf dem Rollsplitt rutschte ich aus und knallte mit meinem nicht wirklich schützend bekleideten Körper auf den Asphalt. Im selben Moment hielt ein Autofahrer, der den Unfall mitbekommen hatte, an und wollte mir helfen.

Meine Schwester oder unsere Freundin, ich weiss nicht mehr, wer es war, fuhr sofort zu uns nach Hause und holte meinen Vater zu Hilfe.

Noch bevor ich richtig realisieren konnte, was passiert war, kreuzte mein Vater mit bloss einem Schuh völlig aufgelöst und ausser Atem auf der Unfallstelle auf.
Ohne zu fragen, was genau passiert war, und ohne erst mal nach mir zu sehen, wollte er sogleich auf den Autofahrer losgehen. Es sah so aus, als wollte er ihn am Kragen packen und verhauen. Meine Schwester konnte ihn eine Hundertstelsekunde vor seinem geplanten Angriff schreiend aufklären, dass der Autofahrer nicht schuld am Unfall war, sondern bloss helfen wollte. Ein Wunder: Die laut geschrienen Worte kamen bei meinem Papa an, sogleich setzte sein Gehirn wieder ein. Der Autofahrer wusste nicht, wie ihm geschah – er schüttelte den Kopf, stieg in seinen Wagen und fuhr fort.
Eigentlich ist das Verhalten meines Papas ja tragisch – erst ei-

nen verhauen wollen, noch bevor er nach seinem Kind schaut. Trotzdem fand ich einfach nur süss, dass er vor lauter Panik auf dem Weg zu mir einen Schuh verloren hatte und den bösen Autofahrer gleich kaputt machen wollte. Er ist sowieso süss … Wenn es hart auf hart kommt, steht er immer hinter seiner Familie!
Meine Schwester und ich waren immer die Doofen, wenn wir Streit mit unseren Partnern hatten. Nie waren die Männer schuld, nein, immer wir zwei. Als unsere Beziehungen aber auseinander gingen, war unser Vater stets auf unserer Seite und fand auf einmal unsere Freunde die Doofen … soo süss …
Nachdem ich meine Motorradprüfung bestanden hatte, kam er mit gut gemeinten, wenn auch nervigen Ratschlägen und Profitipps daher. Pass auf, nasses Laub ist rutschig, Fussgängerstreifen sind rutschig, Schachtdeckel: rutschig, Kies am Fahrbahnrand: rutschig …
Auch wenn er immer mal wieder sagte: «Das nächste Mal kaufe ich mir lieber zwei Ziegen, anstatt zwei Mädchen zu machen», wussten wir, dass er uns lieb hat. Er konnte es uns zwar nie sagen, aber dass wir ihm wichtig sind, spürten wir immer.
Und ich, wie war ich als Kind? Natürlich lieb und nett, so, wie es sein soll. Punkt.

Na gut, dann packe ich mal aus … Leider bekam ich bei meiner Zeugung wohl etwas mehr Gene von meinem Vater ab als von meiner Mutter. Weiss nicht, was da schief lief. Vielleicht haben sie sich einfach zu sehr beeilt, schliesslich musste mein Vater bestimmt gleich wieder auf die nächste Baustelle.
Vom Charakter her habe ich auf jeden Fall mehr in die Papa-Kiste gegriffen. Ich war ein total stures Kind.

Wenn ich etwas nicht wollte, machte ich es auch nicht. Punkt! Meine Mutter drohte mir oftmals: «Wenn du das jetzt nicht machst, dann kannst du gleich ins Bett.» Meine Antwort: «Na gut, dann gehe ich halt um 15 Uhr ins Bett, ist mir doch egal.» Meine Mutter schnitt sich mit dieser Drohung oftmals selber, denn welches Kind kann nachts noch schlafen, wenn es um 15 Uhr ins Bett geschickt wird?!
So verbockt und stur ging ich nun ein paar Jahre durch mein Leben.
Seltsamerweise kam ich mit meiner direkten Art bei den Menschen immer sehr gut an. Es mangelte mir nie an Freunden. Mit den Mädchen tat ich mich manchmal ein bisschen schwer, die standen immer alle auf dieselben Typen und waren mir irgendwie einfach zu kompliziert. Ich hatte keinen Bock auf diesen Drama-Queen-Scheiss.

Jungs, die waren's, das war meine Welt! Nicht nur Jungs, auch Männer oder genauer ein Mann, DER Mann. Mein Französischlehrer. Ui ui ui, war der eine Wucht! Er war kein typischer Lehrer. Er hatte keine Strickpullover und keine Streifchenhosen an. Er trug Jeans – immer! Er trug die «angesagtesten» Turnschuhe, die es in dieser Zeit gab! Er hatte azurblaue Augen, war jahrein, jahraus braun gebrannt, hatte eine extrem schön sportliche Figur und roch nach Kaffee.

Und er war ... älter als mein Vater!!!
Jaaaa, ich weiss, was du jetzt denkst, typischer Vaterkomplex. Keine Ahnung, was soll's, kann schon sein, mir egal. Er war einfach nur heiss!
Wenn ich ihm Auf Wiedersehen gesagt und ihm dabei die Hand gegeben hatte, fiel es mir jedes Mal schwer, noch am selben Tag meine Hände zu waschen. Er hatte mich berührt. Wau, mit seinen warmen, wunderschönen, perfekt geformten Händen hatte er mich berührt! Mindestens ein Mal die Woche durfte ich in seinem Auto mitfahren. Er wohnte nicht in unserem Dorf. Sein Nachhauseweg jedoch führte an unserem Haus vorbei. Deshalb fragte er mich sehr oft, ob ich mit ihm mitfahren wolle.
Pooiii, du hättest da jeweils die Blicke meiner Schulkolleginnen sehen sollen, ich war wohl nicht die Einzige, die bis über beide Ohren in ihn verliebt war, die waren EIFERSÜCHTIG! Aber sowas von! Meine Mutter hatte mich gelehrt, dass ich nie zu einem fremden Mann in ein Auto steigen dürfe. Aber er war ja nicht fremd. Er war mein zukünftiger Mann! Der Vater meiner Kinder! Logisch nahm ich sein Angebot jedes Mal an!
Immer hoffte ich, dass er einen Umweg fahren würde, mich entführen, verschleppen oder zu sich nach Hause nehmen

würde. Ich wäre zu allem bereit gewesen …
Leider war er aber so was von fantasielos und fuhr immer auf direktem Weg zu mir nach Hause, um mich aussteigen zu lassen und mir einen schönen Tag zu wünschen – das war's. Ich weiss nicht, ob ich ihm das jemals verzeihen kann! Na gut, vielleicht bin ich ihm ja doch ganz dankbar. Wenn ich mir vorstelle, dass ich ihm heute vielleicht den Rollator bereitstellen, das Gebiss reinigen und ihn wöchentlich zum Seniorenturnen fahren müsste, bin ich doch schon ganz schön froh, dass es anders gekommen ist.
Definitiv verdanke ich ihm aber, dass ich im Fach Französisch eine top Schülerin war. Nie hätte ich es mir erlaubt, diese Sprache nicht zu mögen oder eine schlechte Prüfung zu schreiben. Ich wollte ja Eindruck schinden. Auch habe ich ihm zu verdanken, dass sich mein grauenhaftes Bild von Lehrkräften um 180 Grad wendete.
Du kannst dir nicht vorstellen, wie vollgeschrieben mein Tagebuch mit seinen «Storys» war. Ich war echt davon überzeugt, dass er mich auch liebte, dass er sich aber zuvor noch überlegen müsse, wie er mit seiner Freundin Schluss machen könne und ob er bei meinen Eltern um meine Hand anhalten dürfe.
Im Winter bauten wir alle zusammen auf dem Schulhof einen grossen Weihnachtsbaum aus Schnee. Unsere Blicke hatten sich immer wieder gekreuzt. Auf einmal kam mein Zukünftiger zu mir und fragte, ob ich keine Handschuhe habe, es sei doch viel zu kalt so. Tief in seine Augen blickend verneinte ich. Er nahm daraufhin meine Hände, hielt sie in seinen Händen fest und sagte: «Ui, ganz schön kalt, deine Hände.»
Wusste ich's doch, er wollte mich berühren, er wollte mich spüren, er liebte mich ganz klar! An diesem Tag schwebte ich auf

Wolke sieben nach Hause, unserer Heirat stand nun also nichts mehr im Weg! Ganze drei Jahre hielt meine Schwärmerei an ...
Wenn ich mir jetzt überlege, wie affig ich mich damals verhalten habe, wie offensichtlich meine Schwärmerei für ihn war (das hätte jeder Blinde sofort geschnallt), dann ist das alles einfach nur furchtbar peeeinlich!!!
Na ja, zu spät, er hatte die Chance seines Lebens, und er hat sie vertan! Es hätte DIE Love-Story schlechthin werden können ...
Das klingt jetzt alles nach Friede, Freude, Eierkuchen, so war aber nicht meine ganze Schulzeit.
Die ersten drei Jahre waren hart für mich, nicht bloss wegen meinem Arschloch-Lehrer, über den ich ja auch schon gesprochen habe. Mit mir ging dummerweise auch noch ein Arschloch-Junge in dieselbe Klasse. Bis heute weiss ich nicht, warum er mich so piesackte. Getan habe ich ihm nie etwas, es sei denn, meine böse Tat hätte sich dermassen tief in mein Unterbewusstsein vergraben, dass ich es heute nicht mehr weiss. Nein, im Ernst, ich bin mir wirklich keiner Schuld bewusst. Noch nicht mal verbal hatte ich mich ihm gegenüber gewehrt! Er konnte kaum an mir vorbeigehen, ohne «fette Sau» zu sagen. Fette Sau, wieso nur nannte er mich fette Sau?
Ich verstand das nicht. Was hatte ich ihm denn getan? Warum war ich eine fette Sau? Klar, ein Magermodel war ich nicht, aber fett beim besten Willen auch nicht. Obschon er mich nie geschlagen hatte, es sei denn, ich hätte auch das im tiefsten Unterbewusstsein vergraben, verletzte es mich jedes Mal sehr, was er da tagtäglich mit mir abzog.
Oftmals ging ich nach der Schule direkt zum Einkaufsladen, um mir mit meinem Sackgeld, das mir meine Schwester nicht auch noch «weggeschnorrt» hatte, etwas Süsses zu kaufen. Ich

brauchte das irgendwie, es war eine Art Seelenbalsam für mich. Vielleicht steuerte und trieb mich aber auch mein Unterbewusstsein dazu, eine fette Sau zu werden, schliesslich musste ich mir das ja jeden Tag anhören.

Es funktionierte nicht wirklich, ich wurde noch immer keine fette Sau, dafür aber von Tag zu Tag trauriger. Es war die Hölle für mich, in die Schule zu gehen. Auf dem Pausenplatz war dieser Mitschüler die Hölle, im Schulzimmer dann dieser «nette» Lehrer, der «Teufel» persönlich.

Jeder Tag wurde mehr und mehr zur Qual. Ich zog mich zurück, hatte kaum Freunde und auch nicht mehr wirklich Lust auf das Leben.

Es gab Tage, an denen spürte ich sozusagen nichts mehr, da war einfach ein riesengrosses Nichts. Mein Mitschüler konnte mir nachrufen, was auch immer er wollte, es kam nicht bei mir an. Mein Lehrer konnte mich tyrannisieren, nötigen oder was auch immer, ich spürte nichts.

Man könnte denken, dass dieser Schutzmechanismus des eigenen Körpers doch etwas furchtbar Geniales sei – einfach nichts spüren, und gut ist. Das war es aber nicht, ganz im Gegenteil. Mit meiner Angst, Wut und der ganzen Trauer, die ich in mir spürte, ging es mir besser, als wenn ich diese Leere aushalten musste.

Keine Ahnung, vielleicht war das ein vom Körper gesteuerter Grund, weshalb ich mir nach einem schlimmen Schultag etwas Süsses gönnte.

Zu Weihnachten hatte ich mal ein kleines «Notfall-Werkzeugböxchen» geschenkt bekommen. In dieser depressiven Lebensphase kam mir genau dieses eines Abends in die Hände. Unter anderem war darin ein kleines, hübsches, rosafarbenes – beinahe derselbe Farbton wie meine heiss geliebten Wollunterhosen – Teppichmesser enthalten. Ich weiss noch genau, wie ich traurig auf meinem Bett sass und mir dieses Teil ganz genau anschaute. Die Klinge war sehr kurz, es sah aus wie ein Spielzeug, aber messerscharf.

Ich schob die Klinge vor und zurück, vor und zurück. Jedes Mal beim Zurückschieben rastete es gewissermassen ein. Es wusste ganz genau, was zu tun war, was seine Aufgabe war. Vor und zurück. «Wie fühlt es sich wohl an?», fragte ich mich. «Würde ich überhaupt etwas spüren?»

Vorsichtig schob ich die Klinge ein weiteres Mal nach vorne. Ich schaute wie gebannt auf meine Hand. Sie setzte die Klinge an meinem linken Arm an, gab leichten Druck darauf und führte sie gute zehn Zentimeter entlang des Unterarms weiter. Eine rote Linie folgte der Klinge. Ganz leise, ganz sanft. Ich spürte etwas. Es war kein Schmerz, es war, keine Ahnung, Leben. Ich spürte meinen Körper. Das Gefühl war gut, richtig gut. Ich konnte mich spüren. Diese Art von Schmerz gab mir den Boden unter den Füssen zurück. Ich war wieder da, immer noch da.

Das Ganze machte ich gute zehn Male hintereinander. Mein Arm war überströmt von Blut, aber das machte mir nichts – ich spürte etwas.

Noch am selben Abend sprach mich meine Mutter auf meinen zerschnittenen Arm an. «Ich habe mit der Katze gespielt», war meine Antwort. Das war die vielleicht traurigste Antwort, die ich je jemandem gegeben habe. Passend dazu die Reaktion meiner Mutter: «Die hat aber heftig gekratzt!» – that's it.

Insgeheim hätte ich mir sicher eine andere Antwort oder Reaktion von meiner Mutter gewünscht. Es war damals bestimmt unbewusst ein Schrei nach ein klein wenig Aufmerksamkeit.

Ich war meiner Mutter nicht böse, noch nicht mal dann, als mein Ritzen so weit ging, dass ich mir mein Gesicht verunstaltete. «Hast du wieder mit der Katze gespielt?», fragte mich meine Mutter einmal.

Manchmal sagte ich «ja», manchmal war es aber auch der missglückte Kopfstand, der mich auf eine scharfe Tischkante hatte knallen lassen, oder irgendeine andere irrsinnige Erklärung. Den Mut, meiner Mutter zu sagen, was wirklich in mir vorging, was wirklich alles schieflief, hatte ich nicht. Durch die Selbständigkeit meines Vaters war auch sie sehr eingebunden in seinem Geschäft.

Vielleicht wusste sie, was los war. Vielleicht ahnte sie, was los war. Vielleicht wollte sie einfach nicht hinschauen, weil es ihr Angst machte. Wie dem auch sei, ich war ihr nicht böse.

Irgendwann, ich weiss nicht mehr, wann genau, konnte ich das Ritzen wieder bleiben lassen.

Meinen netten Schulkollegen sah ich x Jahre später auf dem Fussballplatz wieder mal, wir waren beide schon mehr als erwachsen, er in Begleitung einer Frau, einer «fetten Frau», sei-

ner fetten Frau. Das tat gut, das tat mir so richtig aus tiefstem Herzen gut. Immer hatte er von der fetten Sau geredet, nun hatte er sie ...
Jetzt aber zurück ... Nach der Schule schickten mich meine Eltern für ein Jahr als Au-pair in die französische Schweiz.

Obschon ich die Sprache bereits recht gut beherrschte – seltsam, nicht ...? –, war das für mich sehr schlimm.
Ich wollte da nicht hin, auf keinen Fall. Ich wollte zu Hause bleiben, bei meinen Freunden, in meiner vertrauten Umgebung. Ich war immer ein extremes Heimwehkind gewesen und hielt alleine den Gedanken, ein Jahr von zu Hause weg zu sein, schon kaum aus. Meine Sturheit und mein Flehen nützten zu diesem Zeitpunkt aber nichts, ich musste gehen ...
Anfangs tat ich mich sehr schwer, hatte riesiges Heimweh. Oft sass ich in meinem Zimmer, schrieb Gedichte, heulte und bemitleidete mich selber. Es gab Tage, da überlegte ich mir sogar, mir etwas anzutun. Ich wollte einfach, dass es aufhörte. Dieser

immens grosse Schmerz sollte weg, endlich weg. Glücklicherweise war meine Feigheit aber stärker und siegte.

Für mich war es sehr schwierig, ein neues soziales Umfeld aufzubauen. Ich war es nicht gewohnt, um neue Freunde kämpfen zu müssen, zudem war ich in einer neuen Umgebung sowieso immer sehr schüchtern.

Zu Hause, ja, da hatte ich eine grosse Klappe, aber in einer fremden Umgebung mit lauter Menschen, die so seltsam sprachen, tat ich mich doch ganz schön schwer. Auch die Kultur war ganz anders als zu Hause, obschon wir ja in ein und demselben Land waren.

Die Leute in der Westschweiz waren wirklich nicht mit «uns» zu vergleichen. Es ist recht schwierig, das zu erklären. Auf der einen Seite waren sie sehr kühl und arrogant, auf der anderen Seite aber auch wieder gesellig und unkompliziert. Ich lasse das mit der Erklärung wohl besser, ich denke, diese Mentalität muss man selber erleben, um sie verstehen zu können.

Tja, wie auch immer ... Wohl oder übel arrangierte ich mich allmählich mit meiner neuen Situation und vergab mir sogar, dass ich den Mut nicht hatte, mich umzubringen.

Die Wochen vergingen, und schon bald fühlte ich mich nicht mehr so fremd in meinem neuen Daheim. Im Gegenteil, mir ging es richtig gut und ich fühlte mich sehr wohl. Ich hatte viele neue Freunde gefunden, und die Sprache war auch keine Barriere mehr.

Auch bald schon hatte ich einen Freund. Unsere Beziehung war zwar eher ein Unfall, aber immerhin hatte ich einen Schatz, es war wirklich ein Unfall. Er fragte mich: «Est-ce que tu veux sortir avec moi?», was soviel heisst wie: «Möchtest du mit mir ausgehen?» Ich antwortete: «Oui», also «ja», schliesslich kann

man ja mal mit einem Typen ausgehen, oder nicht?! Doof war nur, dass er mit seiner Frage nicht «ausgehen», sondern «mit mir gehen» gemeint hatte. Da ich «oui» gesagt hatte, fackelte er nicht lange rum, küsste mich, und wir waren ein Paar – so schnell kann es gehen ...
Unsere Clique unternahm viel, wir waren wenn immer möglich gemeinsam auf der Piste. Ich übertreibe nicht, wenn ich sage, dass dies das extremste, spannendste und verrückteste Jahr meines Lebens war. Nichts wurde ausgelassen: Autostop, Zigaretten rauchen, aus Versehen «Mercedes-Sterne» von den Autos mitnehmen, auf den Zugschienen über eine Autobahnbrücke spazieren – wurde ganz schön knapp – und noch vieles mehr ...
Natürlich bin ich heute nicht mehr stolz darauf, was wir alles Irrsinniges getan haben, damals war es aber absolut cooool!
Meine damalige Freundin, ein verrücktes, komplett durchgeknalltes Au-pair-Mädchen, und ich hatten, wie bereits erwähnt, schon einiges miteinander erlebt, nur betrunken hatten wir uns gegenseitig noch nie gesehen. Deshalb sagte sie mir eines Tages: «Hey, wir kennen uns jetzt schon so lange, wir wissen alles voneinander, nur besoffen habe ich dich noch nie erlebt, das fehlt noch, komm, lassen wir ein Gruppenbesäufnis steigen, das machen wir.» Wie ihr seht, ist meine Freundin noch durchgeknallter als ich. Ihre Ideen jedoch fand ich immer obergenial. Ich war sofort dabei ...
An einem schönen Sommertag, als wir beide frei hatten, war es dann also soweit. Ausgemacht war, dass beide Picknick-Zeugs und ein paar Flaschen Alkohol organisieren und wir uns dann im Park, direkt am See, vergnügen wollen. Unsere Stimmung war top, wie konnte es auch anders sein bei diesem strahlend

schönen Wetter. Vernünftig, wie wir waren, suchten wir uns ein schönes Plätzchen im Schatten und fanden dies auch gleich wunderbar gelegen unter einem gigantischen, schönen Baum.

Es war einfach wunderbar, Musik hatten wir dabei, etwas zu essen und jede Menge Flaschen Flüssignahrung. Um genau zu sein, vier Stück. Nein, nicht etwa vier Bierflaschen, schliesslich planten wir keine Ponyhof-Party, sondern ein Besäufnis. Zuerst musste natürlich die Musik laut aufgedreht werden. Dass Familien mit ihren Kindern, wahrscheinlich bis dato noch einigermassen akzeptabel erzogen, im Park am Spielen waren, störte uns nicht. Ob jedoch wir sie mit unserer lauten Musik störten, war uns ziemlich schnuppe!
Es war lustig, wir alberten rum, sangen laut und schräg mit, was die Stimmbänder hergaben, und genossen einfach unser Zusammensein. Irgendwie kam vor lauter Trinken das Essen zu kurz, das war ein fataler Fehler. Und so kam es, dass die Texte der Musik nicht mehr so haargenau richtig mitgesungen werden konnten ...

Meine Freundin, geeicht wie eine Schnapsdrossel, meinte auf einmal: «Du bist betrunken!»
Ich fand das unerhört. Was fiel dieser kleinen – okay, sie war grösser als ich – Göre da nur ein? Ich war überhaupt nicht betrunken, kein Stück, schliesslich konnte ich ja noch immer mitsingen. «Schnapp dir mal diesen Stock», meinte meine Freundin und zeigte auf einen kleinen Ast, der vor mir auf dem Boden lag. «Nimm ihn, dreh dich zehnmal um dich selber, leg den Ast auf den Boden und spring darüber, erst dann glaube ich dir, dass du noch nicht zu viel intus hast.» Ganz schön frech fand ich das! Also stand ich auf. Besser gesagt, ich versuchte, aufzustehen. War gar nicht so einfach. Du denkst jetzt bestimmt, dass sie recht hatte! Dem war aber nicht so. Ich möchte ja einmal sehen, wie du aufstehst, wenn sich der Baum, an dem du dich festhalten willst, andauernd dreht!
… So, geschafft, auf die Füsse bin ich schon mal gekommen. Ich musste feststellen, dass es irgendwie ein Fehler war, zuerst aufzustehen, bevor ich mich an den Ast gekrallt hatte, denn ich musste mich ja hierfür wieder bücken. Ich meine, das wäre ja nicht so schwer, aber lohnt es sich denn aufzustehen, um sich nachher wieder zu bücken? Eigentlich nein, oder?
Da stand ich dann halt. Meine Freundin grinste mich bereits ziemlich fiese an. «Siehst du», spottete sie. Das liess ich mir natürlich nicht bieten. Mit aller Kraft und allem Restgleichgewicht bückte ich mich also zu diesem dämlichen Stück Holz hinunter. Eigentlich war es ein ganz besonders hübsches Teil, deshalb beschloss ich , es mir im Liegen etwas genauer anzusehen …
Meine Freundin kriegte sich kaum mehr ein vor Lachen. «Halt, Moment», rief ich, «ich hab mich absichtlich auf den Boden fallen lassen.» Logisch, wir hatten ja Zeit, denn schliesslich

hatten wir frei. So hielt ich also diesen Stock in meinen Händen und war gleichzeitig fasziniert davon, dass unser gigantischer, schöner Baum sich immer von links nach rechts bewegte. Unglaublich, was der Wind an diesem Tag für eine Kraft hatte – er brachte den ganzen Baum ins Wanken, faszinierend!

Meine Freundin stresste total, also zeigte ich ihr erst den Vierfüsslerstand (ich wollte ihr den unbedingt zeigen, denn den hatte sie vorher sicher noch nicht gekannt), bevor ich mein Gewicht behutsam und bestimmt voller Eleganz auf die Fersen umverlagerte, um aufzustehen.

Dieser Wind – Wahnsinn …! So, nun war ich bereit für ihr kindisches Experiment. Ich drehte mich nun also zehnmal um mich selber – es kann auch sein, dass es bloss drei Umdrehungen waren –, liess den Ast vor mir auf den Boden fallen und sprang Richtung Baum. So etwas habe ich zuvor und auch danach nie mehr erlebt! Stellt euch diese Böe vor! Dieser Wind, dieser unglaublich starke, Bäume bewegende Wind blies mich doch tatsächlich in die entgegengesetzte Richtung! Das sollte mal in den Zeitungen geschrieben oder bei Meteo ausgestrahlt werden, aber nein …

Bin abgeschweift, sorry …

Nun, wetterbedingt landete ich dann also nicht auf meinen Füssen und hatte auch den Stock knapp verfehlt. Irgendwie, vielleicht verursacht durch meinen Sprung, spielte das Wetter dann total verrückt! Es war nicht mehr nur unser Baum, welcher derart umhergeblasen wurde! Nein, der ganze Park drehte sich auf einmal. Auch die Schiffe auf dem See spielten verrückt! Wenn sie nicht auf dem Wasser gewesen wären, hätte man glatt mei-

nen können, sie seien auf dem Land-Wasser, das war so krass!
Auf einmal war komplette Stille! Dunkelheit! Nichts mehr!
Seltsam …
Dann sah ich auf einmal wieder Licht. Bin ich jetzt gestorben?!, fragte ich mich. Als mein ganzer Mageninhalt dieses Licht auch sehen wollte, war mir bewusst, dass ich zu meinem grossen Bedauern noch am Leben war!

Mein Gesicht wurde nass gespritzt, wieder und immer wieder. Ich hörte ein Wimmern und zwischendurch so Würgegeräusche. «Wo ist denn mein Baum?», fragte ich mich. Er war weg. Dafür fand ich mich neben einem Brunnen liegend und sah meine Freundin weinend neben mir knien. Sie spritzte mich andauernd nass und schluchzte, dass ich bitte noch nicht sterben solle. Nicht sterben ist gut, sie hätte mich beinahe ertränkt! Ich war über jede ihrer Kotzpausen, die sie einlegen musste, froh, das war meine Chance, nach Luft zu schnappen.
Irgendwie war unsere «Wir-haben-frei-Festlaune» verflogen. Das war er dann also. Der Tag der Tage. Der Horror des Horrors. Ich hätte weiss Gott was darum gegeben, wenn ich an diesem besagten Nachmittag hätte sterben dürfen, also bitte nicht nachmachen! Und wenn du es trotzdem nachmachst, bitte nicht vergessen zu filmen und auf YouTube zu stellen!
Einmal gerieten wir auch echt in Panik. Ich erzähle dir das mal von Anfang an … Ich weiss nicht, wie es anderen Jugendlichen ging zu dieser Zeit – bei uns in der Westschweiz, oder vielleicht auch nur bei meiner Freundin und mir, war es damals total cool, möglichst viele «Mercedes-Sterne» zu besitzen. Ja, du hast mich schon richtig verstanden, «Mercedes-Sterne». Von jedem Auto, welches vorne auf der Motorhaube noch ein solches

Ding hatte, wurden wir magisch angezogen. Es war wie verhext, wir konnten das wunderbar runde, schön glänzende Ding einfach nicht dem Regen aussetzen und seinem Schicksal überlassen oder gar zulassen, dass es gestohlen würde. Wir mussten es retten und, nett gesagt, abmontieren. Schräg, ich weiss! Mal wieder war so ein Tag der Jagd. Fündig wurden wir immer relativ schnell. Unser Jagdterritorium: ein schmales, unbeleuchtetes Strässchen oder Gässchen, in welchem wir zuvor noch nie gewesen waren. Jetzt habe ich noch beinahe was Wichtiges zu erzählen vergessen, sorry, also, kurz ein paar Stunden zurück …

Meine Freundin und ich hatten am Vorabend diskutiert, wie wir wohl reagieren würden, wenn wir bei unserem Streifzug in eine Notsituation gerieten. Meine Meinung war ganz klar und ohne Zweifel, dass ich mich bestimmt nicht mehr rühren könnte und mir die Seele aus dem Leibe schreien würde. Meine Freundin hingegen meinte, dass sie bestimmt wegrennen würde, so schnell sie könnte. Du musst wissen, sie hat den Sport nicht erfunden.

So, das war's schon, nun zurück … Also, dieses Seitengässchen … Obschon es irgendwie unheimlich aussah, trieb uns trotzdem irgendetwas an, auch in dieser Dunkelheit nach einem Mercedes Ausschau zu halten. Wir wagten uns also still und leise Richtung Finsternis.

Auf einmal hörten wir lautes, aggressives, immer näherkommendes Hundegebell! Die Angst stieg in uns hoch. Was heisst hier Angst, die Panik hatte uns voll im Griff.

Ich drehte mich blitzschnell um, lief weg und schaute nicht mehr zurück. Als ich es nach ein paar Metern wagte, doch mal nach hinten zu schauen, war es beinahe passiert. Meine Blase meldete sich unweigerlich. Ich hätte beim Anblick dieses Bildes beinahe in die Hosen gemacht vor Lachen. Ich sah meine Freundin: Sie war stehen geblieben, schrie, was das Zeug hielt, und wurde beinahe hysterisch. Dieser Hund, welchen wir gehört hatten, hing an einer Kette, gut einen Meter von ihr entfernt, und konnte nicht weiter. Er kläffte sie zähnefletschend an, okay, ich gebe es zu, ein wenig gruselig sah es schon aus. Sie starrte ihm in die Augen und schrie, und er konnte sich keinen Zentimeter mehr bewegen – die armen Hunde-Ohren. Schnell lief ich zu ihr, noch bevor sie Zeit hatte, das ganze Dorf wach zu schreien. Erst als ich sie berührte, wachte sie aus ihrer Schrei-Schock-Starre auf und rannte weg.
Die Situation war in diesem Moment für uns beide schockierend, aber bestimmt nur, weil wir was Verbotenes machen wollten. Im Nachhinein krümmten wir uns vor Lachen. Erst noch hatten wir darüber geredet, wie es wohl wäre, wenn – und ge-

nau das Gegenteil unserer Überzeugungen war eingetreten. Die «Sterne» in dieser Strasse konnten leider seit diesem Vorfall nicht mehr von uns gerettet werden, schade.
Schon verrückt, was Jugendlichen so alles in den Sinn kommt, tz tz tz …
Gut, der Tunnellauf war auch nicht schlecht … Wir wohnten in einem kleinen Dorf oberhalb des Genfer Sees. Als Au-pair verdiente man nicht wirklich das grosse Geld. So waren wir also «gezwungen», in unserer Freizeit entweder Autostopp zu machen oder die gut sieben Kilometer lange Strecke zu Fuss zu gehen. Meine Freundin mit ihren hinreissenden, absolut intelligenten Ideen schlug eines Nachmittags vor, auf den Gleisen in die Stadt hinunterzugehen. Auf diesen Gleisen fuhr kein normaler Zug, doch irgendwie schon. Er war einfach kleiner und fuhr etwas langsamer. Ganz geheuer war mir nicht bei diesem Gedanken, aber ich vertraute ihr sozusagen blind. «Was ist, wenn doch ein Zug kommt und wir gerade im Tunnel sind?», fragte ich sie. Du musst wissen, der Tunnel war in einer Kurve, und wir hätten nicht genügend Platz zum Ausweichen gehabt. Sie beruhigte mich aber und sagte: «Wir kennen doch den Fahrplan. Nachdem einer hinaufgefahren ist, geht gleich wieder einer runter, danach ist Schluss für eine Stunde.» Da hatte sie wohl recht, so konnte es also losgehen.
Wir spazierten gemütlich den Gleisen entlang und fühlten uns grossartig, wie immer, wenn wir was Verbotenes taten. Vor lauter Quasseln hatten wir wohl vergessen, das Gehirn einzuschalten, oder nicht mal daran gedacht, den Verstand mitzunehmen – ich denke, der war in der Deutschschweiz geblieben. Ja bestimmt sogar, oder lag er doch auf dem Regal in meinem Zimmer in der Westschweiz?

Okay, der Tunnel lag direkt vor uns. Einen kleinen Moment hielten wir inne, um zu überlegen, ob denn jetzt der Zug schon käme oder nicht. Nein, der kommt nicht, natürlich nicht. Schliesslich hatten wir keine Zeit zu warten ...
Etwa in der Mitte des Tunnels sahen wir irgendetwas Helles. Was war das, unser wohlverdienter Heiligenschein, der über unseren Köpfen zu landen versuchte? Geil!
Nein, das musste was anderes sein. Es war ein Licht!
Ach du Scheisse, es war tatsächlich ein Licht. Nicht so ein Taschenlampen-Schimmer, sondern ein richtig grosses krasses Licht! Noch nie in diesem ganzen Jahr hatte ich meine Freundin so schnell laufen sehen. Es machte schwups und sie war weg.

Wir schafften es relativ knapp und kamen mit einem Riesenschrecken davon. Ob wir was daraus gelernt haben? Natürlich! Wir spazierten weiter und mussten kurz vor der Stadt auf den Gleisen noch eine Autobahnbrücke überqueren ...

Du kannst dir nicht vorstellen, wie häufig ich zu Gott oder zu wem auch immer gebetet habe, dass mir meine Kinder bitte bitte nicht zu sehr nach mir nacheifern! Trotz allem war es natürlich toll, einfach ein völlig ausgeflipptes Jahr.

Zu Hause war ich immer die gewesen, welche im Freundeskreis mehr oder weniger den Ton angegeben hatte. In der Westschweiz jedoch gehörte ich zu jenen, die sich fügten und einfach bei jedem Scheiss mitmachten. Seltsam irgendwie, denn eigentlich war das überhaupt nicht ich, irgendetwas musste passiert sein. Ich hatte mich irgendwie verloren …

Meine Sturheit war hier aber seltsamerweise komplett weg. Ich hatte keine eigene Meinung mehr und tat alles, was von mir verlangt oder gefordert wurde. So kam es auch, dass ich mir einmal mehr den Willen brechen liess …

Ein paar Mädels wollten nach Montreux in eine Disco. Klar war ich mit an Bord, denn schliesslich ist man nur einmal jung, da muss man schon Gas geben …

In der Disco angekommen, legte eine von uns ein Päckchen Zigaretten auf den Tisch und meinte zu uns: «Ihr könnt euch gerne bedienen, wenn ihr wollt.» Ja, du liest richtig, damals, vor 100 Jahren, durfte man in den Lokalen noch rauchen! Dankend schlugen wir vier anderen das Angebot aus, da wir alle Nichtraucher waren … Eine Kippenlänge später sagte sie noch einmal: «Bedient euch ruhig.» Jede von uns nahm daraufhin eine, wenn auch stirnrunzelnd – ich auch!

Zu meiner grossen Freude musste ich noch nicht einmal husten. Der zweite oder dritte Zug ging zudem richtig profimässig ohne Umwege direkt in die Lunge. Ich war so stolz, und blöd zugleich, aber ich fühlte mich dabei sowas von erwachsen!

Am nächsten Tag wollte ich mir gleich ein Päckchen Zigaret-

ten kaufen. Die Auswahl war riesengross, meine Ahnung und mein Verstand aber winzig klein. Ich entschied mich dann aufgrund des Bildes auf dem Päckchen, deshalb nahm ich einfach das schönste – Camel, ja, ich mag nun mal Tiere.
Tragisch, ich weiss. Es wird aber gleich noch tragischer ... Ich ging damit – wenn auch ein wenig beschämt und mit garantiert hochrotem Kopf – nach Hause. Da sauste ich sofort in mein Zimmer und übte das Rauchen vor meinem Spiegel. Ich wollte sehen, wie cool das aussieht. Vor allem aber wollte ich auch sehen, ob ich den Rauch noch immer inhalieren konnte. Es ging – leider! Seit dieser stupiden, dummen Übung gehöre ich nun also auch zu den Rauchern.

Schade, so schade, dass ich vergessen hatte, mein ICH aus der Deutschschweiz in die Westschweiz mitzunehmen. So im Nachhinein ... ich wollte einfach dazugehören, egal zu welchem Preis. Das war nicht ich, echt nicht! Ich wurde von der Löwin zum

Lämmchen. Zu einem angeschossenen Lämmchen. Ich weiss bis heute nicht, warum sich bei mir eine solch radikale Veränderung eingestellt hat.
So klein, hilflos und fremdgesteuert kam ich also zurück in die Deutschschweiz. Mein altes ICH war irgendwo auf der Strecke geblieben. Vermutlich im Tunnel, auf den Gleisen ... beim Rennen ... Der Verstand, äh, mein ICH wurde dann vermutlich überfahren ...

Zurück in der Deutschschweiz

Als ich nach diesem Jahr wieder in den elterlichen Haushalt zurückkehrte, zeigte sich mir noch immer dasselbe Bild: dass sich die Frau dem Mann unterzuordnen hat! Meine Mutter tat noch immer alles, was mein Vater von ihr verlangte, ohne Widerworte. Es war kein schönes Bild, und trotzdem hielt ich diese Lebensweise allmählich tatsächlich für richtig.
Für mich war auf einmal all das richtig, was man als richtig bezeichnete. Ich fragte mich in Alltagssituationen: Kann man das so machen? Darf man denn das? Und wenn man das konnte oder durfte, war es für mich auch okay. Meinen eigenen Weg sah ich schon lange nicht mehr. Hatte ich denn jemals einen eigenen Weg gehabt? Keine Ahnung, das war schon viel zu weit weg, und überhaupt: Wie arrogant ist das denn, wenn man seinen eigenen Weg hat.
Ich fragte mich andauernd: Wie würden meine Freunde reagieren, was würde wohl der Nachbar sagen, wenn …?
Also trottete ich den vielen «Schafen» einfach hinterher, ohne zu wissen, wohin deren Reise gehen sollte.
Denn meine Gedanken waren: Was so viele «Schafe» miteinander tun, wird wohl schon richtig sein.
Heute ist meine Einstellung: Wenn du der Schafherde folgst, siehst du nur … Ärsche!

NB: Heute gehe ich wieder meinen eigenen,
Schaf-Arsch-freien Weg …

Ein paar Jahre später

Ein paar Jahre später lernte ich dann meinen Mann kennen, ein «Schaf»! Und was für ein «Schaf»! Immer zuvorderst, immer der Anführer, der «Herdenführer, Leithammel».
Als Kind hatte ich mir geschworen, nie einen Mann zu heiraten, der wie mein Vater ist. Mein Vater, das «Oberschaf»! Und nun sein Nachfolger, mein Mann, das «Ich-hab-immer-recht-Schaf».
Mein Mann ist vom Charakter her nicht wirklich mit meinem Vater zu vergleichen. Mit ihm kann man gut diskutieren, er ist lieb und nett, aber eben doch ein «Schaf».
Wenn es um Entscheidungen geht, gibt es keine Kompromisse. Das «Alpha-Schaf» hat gesprochen, und so ist es – Amen! Meine Ehe bestätigt mir gleich noch einmal, dass Frauen Menschen zweiter Klasse sind. Der Mann hat das Sagen, und Schluss.
Auch meine Grossväter hatten diese Einstellung. Dann mein Vater. Jetzt mein Mann. Mein Ego macht sich laut in meinem Kopf. Hey, was hast du erwartet, als Frau hat man kein Stimmrecht. So habe ich mich dreingeschickt und 14 Jahre lang das «Schaf-Spiel» mitgespielt ...
So, jetzt kennst du mich ein wenig besser ... Klar, von den letzten 14 Jahren hast du nicht viel erzählt bekommen ... Was gibt's schon zu erklären...?

Ende Replay ...

Meine Arbeit in der Kaffee-Bar

Ich bin es ja jetzt nach 14 Jahren intensiven Übens gewohnt, dass ich auf Menschen treffe, welche über mein Leben bestimmen. Die mir sagen, was ich zu tun und zu lassen habe, was gut und schlecht für mich ist, und die über meinen Kopf hinweg Entscheidungen treffen.
Und jetzt beim Arbeiten werde ich auf einmal nach meiner Meinung gefragt, ui ui ui! Meine Meinung, wer will die denn wissen, was ist das denn jetzt?! Ich habe ein Mitspracherecht, werde um Rat gefragt und soll meine Meinung und meine Ideen äussern. Halt, stop, das geht nicht, das geht überhaupt nicht! Meine Meinung – ich habe doch gar keine Meinung! Ein «Schaf», ich bräuchte jetzt bitte mal ganz dringend ein «Schaf»!! Manchmal fühle ich mich ganz schön überfordert – was heisst da manchmal! Meine Meinung soll ich sagen, phuu … ist das schwer!
Ich merke erst jetzt, dass sie, eben meine Meinung, total verkümmert ist, so, wie meine Pflanzen zu Hause! Was ist das, was ist meine Meinung, habe ich eine Meinung? Ist es bereits eine Meinung, wenn ich meine, dass ich keine Meinung habe?
Moment, ich frage mal Herrn Google, suuper! Schon wieder ein Herr! Warum nicht Frau Google?!!
Wie um Himmels willen soll ich nach so vielen Jahren der Fremdbestimmtheit wissen, was ich will? ICH?!! Hilfe! Das Einzige, was ich mit Bestimmtheit weiss, ist, dass ich nicht weiss, was ich weiss! Dass ich mir nicht wirklich viel zutraue! Auch mithilfe von Frau Google fand ich nichts raus …
Zurück zur Arbeit. Nach ziemlich genau vier Wochen kommt er, der Schock, der riesengrosse Schock!
«Was soll ich, die Bar alleine öffnen?! Also, wie genau meinst

du das, alleine?!»
leichte Übelkeit
«Ich und ich und niemand sonst?!»
nein, sie macht keine Witze
«Und du, nicht?!»
grosse Übelkeit
«Ich bin fast dreieinhalb Stunden auf mich gestellt?!»
PANIK
«Nein, das geht nicht, auf gar keinen Fall, das pack ich nicht!»
«Doch!»
Noch grössere PANIK! LUFT, HAT MAL JEMAND BITTE SAUERSTOFF FÜR MICH
Hilfe, da traut mir jemand etwas zu!! Das kleine, dem Schafrudel hinterherlaufende Lämmchen soll alleine klarkommen, das geht doch überhaupt nicht!! Das war's dann wohl, ich werde nie wieder schlafen können, nie wieder!

Tschüss Einschlafschäfchen, es war nett mit euch, ich habe leider keine Arbeit mehr für euch.

Willkommen Einschlaf- und Durchschlafstörungen!

Irgendwie hab ich's dann tatsächlich überlebt, und meine Gäste auch. Obschon das «Ins-Wasser-geschubst-Werden» der absolute Horror für mich war, bin ich heute meiner Chefin sehr sehr dankbar dafür. Wenn es nach mir gegangen wäre, hätte ich wahrscheinlich noch heute das Gefühl, dass ich alleine nichts auf die Reihe kriege. Langsam merke ich, dass ich mir ja doch auch ruhig mal was zutrauen kann.
Mein Vertrauen in mich und mein Selbstwertgefühl haben in

dieser Zeit bestimmt einiges an Stärke gewinnen können. Bestimmt bin ich mindestens einen halben Meter, äh, Zentimeter gewachsen. Das macht es beim Arbeiten natürlich um einiges einfacher, so komme ich auch besser an die viel zu hoch im Regal deponierten Spirituosen ran … nicht aber zu Hause in der Familie …

Monate später, und einiges mehr an Selbstsicherheit gewonnen ...

Was schleicht sich denn da ein? Das darf jetzt nicht wahr sein, echt! Nicht schon wieder! Ich will das nicht! Ich habe doch jetzt so einen genialen Job, der mich ausfüllt und zufrieden macht! Kaum zu Hause, fühle ich mich leer. Leer und unsagbar traurig.

Warum nur habe ich wieder dieses Gefühl? Jetzt lief doch alles so gut! Was ist nur los mit mir? Alle paar Monate geht es mir schlecht! Ganz klar, irgendetwas stimmt bei mir nicht! Ich muss rauskriegen, was es ist, unbedingt!
Ich suche, aber wonach? Es wird wohl eine Suche nach der berühmten Nadel im Heuhaufen! Super Suche, wo fange ich an, wie gehe ich vor? Ich habe keinen Plan, wie mein Heuhaufen aussieht, geschweige denn, wie meine Nadel aussieht!
Das bringt so nichts, ich komme so nicht weiter, es ist zwecklos! Ich brauche jemanden, der rausfindet, was mir fehlt.
Ein Arzt vielleicht? Nein, dem fehlt selber genug. Meine Freun-

din? Nein, die mag keine Katzen und Hunde.
Mein Mann? Nein, der hält mir immer vor, dass ich ja alles habe. Was gibt's denn noch, wer bitteschön kann mir den Heuhaufen erklären bzw. die Nadel suchen helfen?

Wickie!
Wickie müsste ich jetzt haben, der weiss immer, was zu tun ist. Wickie, der Held aus meiner Kindheit. Ich habe ihn geliebt, obschon ich immer gedacht habe, er sei ein Mädchen (na ja, Nebensache). Ja, Wickie wüsste jetzt, was zu tun ist.
Aber vielleicht würde er mir ja auch bloss sagen, dass das alles ist. Dass es nicht mehr gibt. Dass ich zufrieden sein soll, vorwärtsschauen. Also, nun steht er gegen mein Herz. Mein Herz oder mein Bauch, wie du willst, sagt mir, dass sich mein Leben so nicht richtig anfühlt, dass ich was ändern muss …
Und Wickie …? Okay, ich höre auf Wickie …
Ich lebe noch immer, bzw. ich existiere noch immer. Leben, nein, leben nenne ich das nicht mehr. Ich verliere mich, weiss nicht mehr, wer ich bin, was ich mag, was ich will. Ich fühle

mich mal wieder fremdbestimmt, ohne eigene Meinung.
Ich kann nicht mehr essen, nicht mehr richtig schlafen – es muss etwas passieren, ich kann so nicht weitermachen.
Ich schaue mich im Internet um. Seiten über Depressionen, über «Ausgebranntsein», Seiten über Essstörungen. Seiten zum Thema «Wie knallt man vom Durchknallen wieder zurück?» Alles Seiten mit Themen, die mich betreffen, aber ich komme nicht weiter!
Mich mit jemand Neutralem aussprechen, das ist das, was ich jetzt gerne tun würde. Gibt es da nicht so Foren und Chatrooms im Internet? Vielleicht finde ich ja dort Menschen, die mich verstehen oder denen es ähnlich geht wie mir. Ich mache mich da mal schlau …
Hey, da gibt es eine Ü-30-Chat-Seite, mal sehen, ob ich hier Leidensgenossen finde. Ich logge mich jetzt einfach mal ein. Wow, das ist ja cool, ich werde sofort angeschrieben. Meine Lebensfreude flackert sogleich wieder ein wenig auf.
Oh, ein Mann. «Nein, ich will keinen Sex, sorry!»
Was ist das denn, hat er die Ü-30-Seite mit einem Pornochat verwechselt?! Kann vorkommen, weiter geht's … Schön, schon wieder schreibt mich jemand an …
«Aha, nein danke, ein Abenteuer suche ich nicht, tschüss!»
Bin ich im falschen Film? Das gibt's ja wohl gar nicht. Na ja, wird wohl ein «Zufall» gewesen sein, dass mich Frau Google hierher geführt hat – ich glaube zwar nicht an Zufälle, also weiter …
Am besten schreibe ich jetzt jemanden an. «Sternlein», ja, dieser Nickname tönt nett, «hallo Sternlein, wie geht's dir?» …
«Meine was …? Meine Sexvorlieben …?!»
Mir reicht's, chatten ist wohl doch nichts für mich. Es wimmelt

nur so von rammligen Männern, die bloss auf Sex aus sind, das brauche ich echt nicht. Tschüss, weg und gute Nacht.
Ein neuer Morgen, schön. Aber noch immer dasselbe Leben wie gestern.
Ich brauche wohl doch einen Hund oder eine Katze. Genau, das perfekte Familienbild, und zudem macht ein Hund mir keine Sexangebote. Oder möchte ich doch bloss ein Katzenbild? Das stinkt nicht so wie ein nasser Hund und bringt mir keine Mäuse mit nach Hause ...
So, Schluss jetzt, meine Bügelwäsche wartet, ich habe alles, und mir geht's gut! Wie ich die Hausarbeit liebe!
Dieser Chatroom von gestern, das gibt's ja gar nicht ... Geht das dort wohl jeden Abend so zu und her? Hhmmm, das muss ich rausfinden ... Die Kids im Bett, mein Mann am Arbeiten, äh, Fliegen, und los geht's ...
Hey, was ist denn das? Ein «Ladies only»-Chatroom. Na, das ist doch mal was! Den muss ich mir gleich mal etwas genauer ansehen. Hier kann ich bestimmt so richtig nach Herzenslust rumjammern, wie öde mein Leben ist, ohne dass jemand gleich mit mir in die Kiste springen will.
Uuuund eingeloggt. Na ja, «Ladies only» ... entweder verstehen so viele Männer kein Englisch, sind schwul oder einfach nicht gerade die Hellsten auf der Platte. Wie um Himmels willen kommt ein Mann auf die Idee, sich auf einer «Ladies-Seite» herumzutummeln?
Meine Herren, warum sind wohl die Ladies auf einer Ladies-Seite?!? Okay, ich weiss ja, ihr tickt anders, dass muss ich jetzt nicht verstehen ... Schluss, aus, fertig, reiss dich zusammen! Weiter geht's, dein Leben ist schön! Ich muss mich wohl einfach mehr ablenken, mir was Gutes tun.

Ab in den Ausgang …
Na ja, ob das unter die Rubrik «Gutes tun» gehört, lassen wir mal offen. Motorrad fahren und den Kopf lüften, das tut mir gut! Die Welt gehört mir, mir alleine. Ich kann hin, wo ich will, ich kann anhalten, wo ich will, und ich fahre nach Hause zurück, wann ich will, so ganz ohne «Schaf». Soll ich überhaupt wieder nach Hause zurück? Okay, ist ja gut …
Ablenkung, Ablenkung, bitte finde mich!
Wie wäre es mit einem kleinen Gartenbeet? Das klingt doch nett, nicht? Super, und schon habe ich wieder eine neue Aufgabe. Herausforderung wäre hier wohl das angebrachtere Wort. Wo waren schon wieder die Karotten? Ist das jetzt Unkraut oder nicht? Soll ich es einfach mal ausreissen?!
Tja, Karotten gab's dann also keine in diesem Jahr. Oder der grüne Haufen, der war ja auch allerliebst. Nennen tut man ihn Salat. Ich habe auch schon gehört, dass ab und an mal eine Laus auf dem Salat sein kann. Bei mir war es aber andersrum, ich hatte Läuse mit ab und an mal ein wenig Salat drumrum. So ein richtiges Läuse-Sushi-Ding.
Meine Cherry-Tomaten waren auch der Hit. Ich habe ja Tomatensetzlinge gekauft und keine Blumen. Warum nur wachsen dann bei mir so kleine gelbe Blüten? Keine Ahnung, die müssen auf jeden Fall weg. Auch Tomaten gab es dann halt keine mehr … Tomaten … eigentlich schmecken die gespritzten Tomaten aus dem Laden sowieso viel besser …
Also das mit dem Garten, ich weiss nicht, einen grünen Daumen kann man das wohl nicht gerade nennen. Das Beet muss wieder weichen.

Hhmmm ... allein zu Hause, langweilig. Ich schaue mich doch mal wieder ein wenig im Internet um. Ein Wort sticht mir sofort ins Auge. Es schreit förmlich, nein, es winselt: «Klick mich an, klick mich an!»

CHAT!

Da war es wieder! Das grosse, mysteriöse, reizvolle, wenn auch manchmal ein wenig perverse Wort! Eigentlich kann ich es doch noch einmal versuchen. Der Frühling ist ja vorbei, die Männer haben sich bestimmt ein wenig beruhigt ...
Geht doch ... Ich lerne eine liebe Frau kennen. Na ja, ich gehe jetzt einfach mal davon aus, dass es eine Frau ist. Ja bestimmt, es ist eine Frau. Oder ein seeehr weiblicher Mann ... nein, ich bleibe bei der Version «Frau».
Es ist nett, mit ihr zu schreiben. Wir verabreden uns auch gleich wieder für den nächsten Abend im Netz. Der Draht, oder die Taste, zwischen uns stimmt total. Ich freue mich jedes Mal, wenn

ich weiss, dass wir am Abend wieder ein «Netz-Date» haben. Wir haben rausgefunden, dass wir ganz nah voneinander wohnen. Dennoch ist es keiner von uns beiden je in den Sinn gekommen, sich auch mal in der Realität verabreden zu wollen. Diese Spannung, sich mit jemand Unbekanntem zu «unterhalten», wollten wir uns nicht kaputt machen. Unsere Chat-Freundschaft ging über mehrere Jahre. Irgendwann aber war Funkstille. Ich weiss nicht mehr, weshalb das passiert ist. Wer es war, der nicht mehr zurückgeschrieben hat. Es war irgendwie auch unwichtig. Wir hatten unsere Zeit, und es war gut so. Ich habe zwar immer mal wieder an sie gedacht, aber nie wirklich das Bedürfnis gehabt, sie unbedingt wieder finden zu müssen. Wenn ich jetzt zurückdenke – noch vor ca. drei Jahren habe ich mich in Chat-Foren rumgetümmelt. Und jetzt?
Facebook! Das ist ja mal eine Erfindung, total spannend! Da kann man so viele Leute wiederfinden.
Ehemalige Schulfreunde, frühere Nachbarn, Kindergarten-Schätzlis usw. Mich hat's total erwischt, ich bin infiziert. Viel zu viele Stunden verbringe ich vor dem Bildschirm. Es ist ja aber auch zu spannend, was man auf dieser Plattform alles zu sehen und zu lesen kriegt.
Was ist denn das, eine Freundschaftsanfrage? Irgendwie kenne ich den Namen. Woher nur, lass mich mal nachdenken … Hey, das ist doch meine Chat-Freundin von früher, hat die nicht so geheissen?
Klar, das ist sie. Nie haben wir ein Foto voneinander gesehen, das war uns damals völlig unwichtig. Das Einzige, was zählte, war, dass man sich gut «unterhalten» konnte, einander die Sorgen anvertrauen, sich gegenseitig aufmuntern, im Kanon die Männer verfluchen oder krampfhaft versuchen, die Jammer-

Battle zu gewinnen. Aber ein Bild, nein, das hatten wir nie. Nun sehe ich aber eines gross und deutlich vor mir. Jetzt, nach gut drei Jahren, hat mein «Chat-Phantom» ein Gesicht bekommen, das ist ja spannend. Sie sieht sehr sympathisch aus. Gleich packt es uns wieder, und das Schreiben geht von neuem los. Meine Internet-Freundin erzählt mir, wie unglücklich verliebt sie ist. Verliebt, warte mal, dieses Wort sagt mir etwas, ich habe das doch schon einmal irgendwo gehört.
Hmm, was war das doch gleich wieder? Ist das nicht das, was einem mit «Keinen-anständigen-Hochzeitsantrag-vor-den-Latz-geknallt-bekommen» schneller wieder zerstört wird, als man «yes» sagen kann? In Latzhosen, wohlverstanden …
Ich denke, ich kann mich ganz vage daran erinnern, das war doch das, was mich früher einmal mit meinem «Schaf» verbunden hat. Ui, ist das lange her!
Unsere, in Latzhosen geschlossene Ehe basiert mittlerweile seit Jahren mehr auf Freundschaft als auf Liebe. Es ist spannend, meiner Freundin zuzuhören – ihre ganze Lovestory ist spannend, denn sie hat sich in jemanden verliebt, der verheiratet ist. Brauchbare und gute Ratschläge kann ich ihr zwar als «glücklicher Ehefrau-Profi» nicht wirklich mit gutem Gewissen geben, aber schon zuzuhören tut ihr gut.
So verbringen wir mal wieder Stunden gemeinsam vor dem Bildschirm. Am Abend «erzählt» sie mir, dass nicht ein Mann schuld an ihrem grossen Liebeskummer sei, sondern eine Frau. Nein, eigentlich doch ein Mann, denn er atmet, er existiert und hat die Frau geheiratet, in die sich meine Freundin verliebt hat. Waas, eine Frau, das ist ja spannend?!
Das Thema fasziniert mich extrem, keine Ahnung warum, aber nun möchte ich erst recht Details hören. «Seit wann stehst du

denn auf Frauen? Wie passiert das denn, dass man plötzlich seine Vorlieben betreffend Geschlecht wechseln kann?! Warum um Himmels willen denn eine Frau, weisst du eigentlich, was du dir damit antust?! Frauen sind kompliziert, launisch und hysterisch!» Kaum habe ich eine Antwort gehört, macht sich schon die nächste Frage zum Start bereit. Ich frage mir meinen Mund fusselig! Es will mir einfach nicht runter, dass man eben mal so switcht.

Regelmässig schreiben wir uns, praktisch schon täglich. Immer mehr und mehr erfahre ich von meiner Chat-Freundin, und ich finde ihre ganze «Beziehungskiste» nach wie vor extrem spannend.

Leider ist es nicht immer Abend und Zeit zum Chatten. Ja, manchmal vergesse ich beinahe meine geliebten Aufgaben zu Hause, meinen Haushalt, meine Kinder und zu guter Letzt auch mein «Schaf». Gut, Letzteres ist oftmals im Stall (Büro) und kaum wahrzunehmen, da kann ich ja wohl echt nix dafür, wenn es etwas vernachlässigt wird. Er kann Stunden vor dem Computer verbringen und dabei vergessen, dass es neben dem «Börsen-Supercrack-Werden» auch noch anderes in seinem Leben gibt. Börsen-Millionär zu werden und ganz in das Börsen-Durcheinander abzutauchen, ist sein neues Hobby. Es mussten auch zwingend vier – oder fünf, ich weiss es nicht mehr – zusätzliche Bildschirme angeschafft werden. Ja, so werde er «Börsen-Superkräck» und Millionen damit verdienen können. Ich dagegen musste für jedes Buch, das ich kaufen wollte, beinahe einen schriftlichen Antrag stellen, damit es vom Gremium «Schaf» genehmigt wurde. Okay, das ist ein Detail, ich bin mal wieder abgeschweift, sorry!

Ich war ja auch gar nicht sauer, dass er sich so oft im Büro ver-

schanzte, so musste ich mich nicht mit ihm abgeben. Sauer machte es mich aber, dass er vor lauter Millionär-werden-Wollen (er ist, soviel ich weiss, auch heute noch kein Millionär) auch seine Kinder vernachlässigte. Wenn er nicht am Arbeiten war, mischte er die Börse auf oder eher sie ihn. Dass er nebenberuflich aber in erster Linie auch Vater war und die Kinder sich riesig gefreut hätten, auch einmal etwas mit Papa alleine zu unternehmen, schien er null auf dem Schirm gehabt zu haben – schade!
Noch immer am Abschweifen, Schluss jetzt damit!
Meine Arbeit in der Bar gefällt mir nach wie vor. Allmählich nerven mich aber die Männer, die einen auf Jagd machen, mit ihren teils sehr doofen und plumpen Anmachsprüchen. Sie ignorieren den Ehering am Finger einer Frau und jagen nach allem, was weniger Haare im Gesicht hat als sie selber.
Auch mein haariges Tier zu Hause geht mir immer mehr auf die Nerven. Ich ertrage es kaum mehr. Er tut nichts Aussergewöhnliches, nichts Schlimmes, nichts, was er früher nicht auch schon getan hätte, aber das ist es gerade! Das, was er tut, kann ich nicht mehr ertragen. Er furzt am Tisch! Er furzt rücksichtslos im Auto, wo es noch nicht mal eine Fluchtmöglichkeit oder Sauerstoffmasken gibt! Er rülpst, wo auch immer es gerade raus will. Ich hoffe, dass sich bei einem Vorstellungsgespräch nicht auch genau in diesem Moment die Luft verabschieden möchte, sei es nach oben oder nach hinten raus. Oder eben auch in der Luft, im Cockpit ... Aber meine vage Vermutung ist, dass dann, warum auch immer, nichts aus irgendeiner seiner Öffnungen entweichen möchte! Er schnarcht bzw. er rodet den wertvollen Regenwald!
Das Allerschlimmste aber ist, er ist ein «Schaf», was übrigens

auch seine Löckchen an den Beinen beweisen! Ich merke, dass ich keiner «Schafherde» mehr angehören will. Es bereitet mir von Tag zu Tag mehr Mühe, auf ihn zu hören, zu nicken und einfach zu allem, was er sagt und vorschlägt, ja zu sagen.

Ich will das nicht mehr! Was soll ich bloss tun?!!

Doofe Frage eigentlich. «Geh ihm aus dem Weg», schreit es verzweifelt aus mir. Genau, ich gehe, in den Ausgang. Immer und immer wieder. Treffe mich mit Freunden und meide mein Zuhause, so gut es geht. So lässt es sich doch leben …

Ab in den Ausgang

Heute steht ein Ausflug auf dem Programm, ein Tagesausflug mit meiner Chefin, ich freue mich riesig. Obschon sie etliche Jahre jünger ist als ich, haben wir immer die genialsten Themen zu bequatschen. So nehmen wir natürlich oftmals als Erstes die Männer durch. Meine Chefin hat immer ein riesiges Durcheinander mit ihren Typen. Kommt ihr einer zu nah, schwups, ist sie weg. Wie gerne würde ich das von mir behaupten können. Ist doch irgendwo auch verständlich, nicht wahr, ich bin schliesslich weder Bäuerin noch Zoowärterin, trotzdem habe ich seit Jahren ein wolliges Tier zu Hause! Na ja, ein anderes Thema ... Sie auf jeden Fall lässt sich irgendwie immer auf die Falschen ein. Ich liebe es, ihr zuzuhören, da bei mir die Phase der ewigen Wechsel und der Schmetterlinge im Bauch ja schon so lange her ist. Heute sind es eher Fledermäuse!
«Es gibt nichts, was es nicht gibt», sagt meine Chefin in einem geheimnisvollen Ton. Sie habe auch schon einmal eine Frau geküsst, erzählt sie mir verlegen, aber mit einem riesengrossen Grinsen auf dem Gesicht ...
Diese jungen Leute sind schon offen, jetzt kommt sie auch noch mit diesem Thema, wie meine Chat-Freundin – auf welchem Planeten bin ich denn eigentlich gelandet?!
Ich bin diesem Thema gegenüber aufgeschlossen und möchte deshalb auch gerne mehr darüber wissen. Meine Chefin und ich haben keine Geheimnisse voreinander, deshalb bekomme ich auch auf jede neugierig gestellte Frage eine Antwort. Gut, auf jede Frage ist etwas übertrieben. Auf meine Frage, wie es denn sei, eine Frau zu küssen, kann sie mir nämlich keine Antwort geben – sie weiss nicht, wie sie es erklären soll.

«Wieso kannst du mir nicht sagen, wie es ist, eine Frau zu küssen?» Je weniger sie mir erklären kann, umso neugieriger werde ich. «Es ist halt ganz anders, als einen Mann zu küssen», sagt sie mir. Das kann doch nicht sein, dass es etwas anderes ist, eine Frau zu küssen als einen Mann?!
Beide haben eine Zunge im Mund und jede Menge Spucke. Hm, ich bemerke gerade, dass das nicht wirklich appetitlich klingt, sorry.
Ich weiss nicht warum, irgendwie finde ich den Gedanken, eine Frau zu küssen, reizvoll, sicher nicht wegen der Spucke, aber vielleicht, weil sie mir nicht beschreiben kann, was denn nun der grosse Unterschied ist. Egal – Thema beendet … Wir geniessen einen wundervollen Tag zusammen. Aufgestellt und voller neuer Hirngespinste gehe ich nach Hause.
So wie jeden Abend setze ich mich nach Hausfrauen-Feierabend, den habe ich erfunden, an meinen Computer und schreibe sofort meiner Chat-Freundin, was ich alles erlebt habe. Seltsam, beim Thema Frauen erzählt auch sie mir, dass die anders küssen. «Ja wie denn, um Himmels willen? Im Kopfstand oder was?!»
Diese offene, allem Anschein nach schwer beantwortbare Frage muss ich endlich beantwortet kriegen. Ich bin so. Noch bevor es den Herrn, äh, die Frau Google gab, kam es manchmal vor, dass ich mir beinahe ein Bein ausgerissen hätte, weil ich unbedingt und sofort eine Frage beantwortet gekriegt haben musste. Es führte schon auch mal so weit, dass ich absolut nicht einschlafen konnte, da noch eine für mich äusserst wichtige Frage unbeantwortet geblieben war.
Aber glücklicherweise leben wir heute ja im Zeitalter des Computers. Wenn meine beiden «Hühner» nicht im Stande sind,

mir zu erklären, wie es sich anfühlt, eine Frau zu küssen, muss ich das eben über einen anderen Weg herausfinden. Nimmt mich ja schon wunder, warum die beiden ein so grosses Affentheater daraus machen?! «Anders halt», das war das Einzige, was sie mir sagen konnten. Das reicht doch nicht!
So … jetzt schaue ich nach und gehe nicht ins Bett, bevor ich Klarheit habe!
Guten Morgen, Welt. Oder besser: Morgen, Welt. Gut ist dieser Morgen nicht, denn ich habe kaum geschlafen. Die halbe Nacht habe ich mir darüber den Kopf zerbrochen, was der Küss-Unterschied zwischen Mann und Frau sein könnte, denn das Internet, musste ich feststellen, weiss doch nicht alles.
Okay. Verschiedenste Möglichkeiten habe ich herausgefunden. Unterschied Nummer eins: Wenn ich einen Mann küsse, renke ich mir unter Umständen den Hals aus, weil der Mann so gross ist und ich mich so strecken muss. Mein Mann ist zwar klein – küsst er dann jetzt wohl eher wie eine Frau?! Wobei, nein, dann wüsste ich, wie eine Frau küsst, also kann es auch nicht sein …
Unterschied Nummer zwei: Er riecht nach Bier, eine Frau vielleicht eher nach Baileys … Öhmm, nein, geht auch nicht, dann wäre ich wohl keine Frau …
Unterschied Nummer drei: Der Mann hat mehr Haare im Gesicht als die Frau. Gut, je nach Jahrgang stimmt auch das nicht immer …
Toll, ich bin nicht weiter, dafür hundemüde, super! Auf geht's, Internet tschüss … Perwoll und meine Waschkatze warten auf mich …
Oder ist die Zunge wohl anders …?
Ui, das Spaghettiwasser kocht über …
Die Frauen werden beim Küssen ja wohl nicht noch quatschen,

oder ...?
Jaaaa, ich rufe dich zurück, klar, tschüss ...
Ob die Frauen wohl beim Küssen einschlafen ...
oder pinkeln gehen müssen ...?
So, jetzt hör aber auf, konzentrier dich, die Kinder kommen gleich von der Schule nach Hause!
Wie ich es hasse, nicht zu wissen, was Sache ist!
Meine Freundin, äh, Chefin, ist sehr häufig mit ihrer Bar überfordert. Ist ja logisch, dass ich dann einspringe und sie so gut ich kann unterstütze.
Wieder mal so ein Tag, anstrengend, aber wir haben es geschafft. Sie sitzt total entkräftet und wie ein Häuflein Elend auf dem Boden und dankt mir unter Tränen, dass ich ihr immer so viel unter die Arme greife und für sie da bin. «Ich kann dir ja gar nie zurückgeben, was du alles für mich tust», sagt sie schluchzend. «Das will ich ja auch gar nicht», erkläre ich ihr. Sie aber lässt nicht locker und möchte auch irgendetwas für mich tun.
«Okay», sage ich, «ähm, du kannst doch etwas für mich tun.»
Irgendwie geht meine Fantasie gerade durch mit mir! ...
Ihre Augen strahlen, und sie hört mir ganz aufmerksam zu ...
Endlich doch ... denkt sie sicher ...

«Du kannst mich küssen, dann weiss ich endlich, wie sich das anfühlt.»
Habe ich das eben gerade gesagt, laut gesagt?!
Oh, da war mein Mund mal wieder schneller als mein Verstand!
Uff, mich knutscht ein Elch ... Ich hab's getan, äh, gesagt ...

«Dich küssen?», fragt sie nach.
«Ja, mich küssen ...»

«In Ordnung, du bist die einzige Frau, die ich küssen würde», offenbart sie mir, denn bei ihrem ersten «Frau küsst Frau»-Versuch sei die Promillezahl höher gewesen als die Anziehungskraft der anderen Frau ...
Oje, was habe ich denn jetzt angerichtet, worauf lasse ich mich denn da bloss ein?! Wie auch immer, bescheuert, wie wir sind, machen wir ein Datum aus, wann wir das Experiment durchführen wollen.
Irgendwie hat sich meine Neugier nun etwas beruhigt, ich muss mich – und Frau Google – nicht mehr ständig fragen, wie es wohl ist, eine Frau zu küssen ...
Seltsamerweise habe ich nun wieder Platz in meinem Kopf, mich auch auf andere Dinge zu konzentrieren ... Ich werde garantiert Antwort bekommen auf die «Jahrhundert-Frage» ...
Einmal mehr fragt mich meine Chefin, ob ich einspringen könnte, und ich helfe ihr natürlich bei ihrer, meiner, Arbeit.
Ach, sooo schade, viel lieber wäre ich doch jetzt zu Hause und würde meiner Lieblingsarbeit, dem Haushalten, nachgehen oder doch ein wenig mein «Schaf» streicheln und mich kraulend in seinen Löckchen verheddern ...
Ich bin jedes Mal erleichtert, wenn ich meine Haustür von aussen schliessen darf ... Eigentlich kann es ja so nicht weitergehen, ständig auf der Flucht vor meinen eigenen vier Wänden, vor meinem «Schaf». Was soll's, ich habe jetzt keine Zeit, mir darüber Gedanken zu machen, ich werde jetzt gebraucht ...
«Weisst du», sagt meine Chefin zu mir, «unser Experiment könnte aber auch in die Hose gehen!»
«Was, in die Hose gehen?! Wie in die Hose gehen?! Davon war aber nie die Rede!» Es ging einzig und allein um einen Kuss!
«Wie zum Geier meinst du in die Hose gehen?»

«Na, das Experiment könnte auch nach hinten losgehen.» Aufgrund ihrer Erklärung spüre ich, dass sie richtig Angst hat, mich zu küssen ... Warum bloss? So schief sind meine Zähne doch gar nicht?! Ich verstehe ihr Problem nicht ganz. Solange das Experiment bloss nach hinten losgehen und nicht in die Hose gehen könnte, besteht doch überhaupt kein Problem, oder stehe ich mal wieder auf dem Schlauch? Sie meint, «dass sich unser Verhältnis dadurch komplett ändern könnte».
Was meint sie denn damit? Hat sie das Gefühl, dass ich sie danach gleich heiraten möchte?! Um Himmels willen, eine Heirat genügt mir doch vollkommen. Ich sehe das nicht so eng. Ein Kuss und fertig, was soll denn da schon Grossartiges geschehen? Keine Ahnung, es ist mir aber, ehrlich gesagt, auch egal, bald weiss ich es, denn das Datum rückt immer näher.

DER grosse Tag

Da ist er, der besagte Tag! Beziehungsweise das besagte Wochenende: Wir haben gleich ein ganzes Wochenende eingeplant. Ich muss meine zweite Hochzeit planen, denn schliesslich schmeisse ich nach diesem absolut bedeutenden Tag, nach diesem heissesten, speziellsten Kuss aller Küsse – vielleicht tatsächlich im Kopfstand?! – meinen Mann aus dem Haus, flitze in ein Hochzeitsgeschäft, schnappe mir den erstbesten weissen Fummel, schmeisse mich auf die Knie und mache meiner Chefin einen Antrag.
«So ein Quatsch!!!»
Es ändert sich garantiert nichts zwischen uns, wenn wir unser Experiment abgeschlossen haben. Nervös bin ich heute aber irgendwie trotzdem. Natürlich nicht, weil nachher alles anders sein könnte, sondern weil heute mein riesengrosses Fragezeichen endlich zu einem Punkt wird. Vielleicht wird es ja auch zu einem Ausrufezeichen. Vielleicht ist es ja total eklig, eine Frau zu küssen. Was mache ich bloss, wenn ich den Kopfstand nicht hinkriege?! Soll ich einen Rückzieher machen? Meine Chefin hat gesagt, dass ich den ersten Schritt machen müsse. Hhmmm, soll ich?
Ein wenig Zeit zum Überlegen habe ich ja noch, denn schliesslich haben wir nicht bloss ein Datum hierfür ausgemacht, nein, wir haben auch noch exakt den richtigen Moment vereinbart, und dieser ist genau um 22:22. Ja, ich weiss, das klingt bescheuert – du musst wissen: Wir sind bescheuert!
Die Sonne verabschiedet sich früh. Warum nur? Warum geht sie ausgerechnet heute so schnell unter? Das hat sie noch nie gemacht! Wir sitzen gemütlich in einem Restaurant. Okay, gemüt-

lich ist was anderes. Also, mein Kopf hat es schon gemütlich, aber irgendwie zappeln meine Beine unter dem Tisch. Was haben die bloss, mein Gesicht kann das absolut nicht verstehen. Immer mal wieder schaue ich auf die Uhr. Gut, ich habe noch etwas Zeit. Da liegt locker noch ein Glas Wein drin.

Wir plaudern über Gott und die Welt und geniessen, bei einigen weiteren Gläsern Wein, den Abend tatsächlich in vollen Zügen. Die Stunden vergehen … Je röter der Wein, desto blauer zwei Frauen, aber es ist nach wie vor sehr gemütlich. Es ist sogar so gemütlich, dass ich gar nicht mehr auf die Uhr schaue. Gut, wenn ich könnte, würde ich ja schon gerne, aber das mit dem Schauen ist gar nicht mehr so einfach …

Mein Bauch gibt mir schon länger klare Zeichen, dass er eigentlich gar keinen Schluck mehr ertragen kann, auch die Blase ist dieser Meinung. Am glücklichsten ist das Portemonnaie, dass es jetzt endlich zum Einsatz kommt: Wir zahlen, um uns auf den Heimweg zu machen.

So, jetzt noch die Zähne putzen – gar nicht so einfach. Ich könnte wetten, mein Mund war gestern noch grösser! Was geht da bloss ab, immer wieder flitzt die Zahnbürste an meinen Zähnen vorbei und sticht mir in die Backe. Aua, das ist nicht fair!

Geschafft, gleich kann ich ins Bett. Wenn da nur diese vielen Treppen nicht wären, hhhmmm, ist bestimmt eine Steigung von 132%! Ui, da liegt sie – meine Chefin ist bereits Bett-fertig. Wie hat die das bloss gemacht? Egal. Ich lege mich zu ihr hin.

Was tut sie jetzt da? Sie löscht das Licht.

Hey, hallo, Moment mal, mach doch nicht so dunkel!

Sie hört nicht – aus, es ist zappenduster. Ach so, ich habe wohl gar nicht laut gesprochen …

Okay … Mut, wo bist du? Du bist umzingelt! Wie soll ich den

denn jetzt bloss finden, in diesem finsteren Zimmer?!
Bewusst ist mir, dass ich nicht lange Zeit habe für meine Suche, denn schliesslich will ich ja nicht, dass mein Rätsel neben mir einfach einschläft!
Also, jetzt!
Nein!
Gut, jetzt aber!
Ich weiss nicht!
Auf drei!
So, mach mal!
Wahrscheinlich konnte mein Mut dieses bemitleidende Hin und Her nicht mehr mit ansehen und hat sich mir gezeigt.
Ich drehe mich also rüber zu ihr und küsse sie einfach!

Wow!
Es war wow!
Habe ich dir schon gesagt?
Es war einfach wow!

Unser Experiment dauerte dann also länger als geplant. Schliesslich muss so ein Experiment seriös, sorgfältig und bis ins letzte Detail angeschaut, ja fast seziert werden ...

Ein seltsamer Traum

Ein Traum fast wie in 4D, das ist ja spannend. Es ist passiert, es ist doch wahrhaftig passiert. Ich habe in meinem Traum meine Chefin geküsst. Ein schönes Gefühl. Wenn das in echt so ist, wie ich jetzt träume, dann bleiben mir die Worte weg.

Wow, kann ich da nur sagen.
Aua, mein Kopf! Was ist nur los? Mein Kopf hat bestimmt einen Durchmesser von 1,2 Metern! Psst ... Was ist das, spricht da wer? Ich erwache, zwangsläufig bei diesem Kater, der schreit nach einem Whiskas, äh, einer Schmerztablette. Wo bin ich überhaupt?
Eine zarte Stimme fragt neben mir: «Hast du gut geschlafen?»

Ach! Du! Scheisse! Ich schaue jetzt besser nicht nach links, das klingt nämlich nach einer Frauenstimme! Bitte lass mich schlafen, lass mich all das träumen, bitte! Noch einmal ertönt dieselbe Frage: «Hast du gut geschlafen?» Entweder ist es ein lang-

weiliger, fantasieloser Scheiss-Traum, der die Sätze wiederholt, oder ich bin tatsächlich wach!
Nein, nein, nein! Ich schlafe, jawohl, ich schlafe. Ich schlafe doch, oder?!
Meine Chefin liegt strahlend neben mir und wünscht mir einen guten Morgen. War mein Traum gar kein Traum? Ist es echt in echt passiert? Nein, ich denke nicht. Ihr fleckig verzierter Hals sagt mir aber etwas anderes!

SCHEISSE!!!!
Aus, fertig, ich trinke ab sofort keinen Alkohol mehr! Dieser Fiesling war es nämlich, der meinen Mut gefunden hat, und der wiederum hat mir gesagt: Tu es endlich! Dieser Fiesling hat sich in den dunklen Tunnel getraut und den überfahrenen Mut wiederbelebt ...
Gut, was ist schon passiert? Eigentlich nicht viel. Oder: fast gar nichts. Und über fast gar nichts muss man ja auch nicht sprechen, oder? Hey, genial, ich merke gerade, dass ich wieder man bin. Endlich!
Der Tag zeigt sich ein wenig verkrampft. Oder vielleicht sind eher wir zwei verkrampfter als der Tag. Die lange Heimfahrt lässt mich gedanklich immer wieder in meinen «Traum» abtauchen.
Es war ...? Keine Ahnung, wie es war. Irgendwie war es wow. Einfach wow. Ich habe keine Ahnung, warum es nicht Miau war, es war halt eben wow!
Mein Mann drängt sich auf einmal gnadenlos in mein Bewusstsein. Ach du meine Güte, den gibt es ja auch noch! Was soll ich ihm bloss sagen? Am besten wohl nichts, das war ja eine einmalige Sache.

Wieder zu Hause

Mein Mann empfängt mich freudestrahlend und möchte wissen, wie mein Wochenende war. Ööhhhm ... schön. Es war schön. Ich bekomme ein schlechtes Gewissen, weil ich ihm gegenüber gar kein schlechtes Gewissen bekomme!
Ein schlechtes Gewissen wegen des nicht schlechten Gewissens, sozusagen ... Oder eben doch nicht ... Doch es geht ...
Es ist schon schräg, nicht ein kleines Krümelchen schlechtes Gewissen nagt an mir. Was ist bloss los mit mir? Betrügen geht gar nicht – also nicht, wenn er es tut. Nun habe ich es getan! Oder doch nicht? Kann man das denn überhaupt betrügen nennen? Hätte ich ein Problem damit, wenn mein Mann etwas mit einem anderen Mann hätte? Der wäre ja irgendwie gar keine Konkurrenz, oder doch? Keine Ahnung! Nie und nimmer hätte ich mir in all den Jahren unserer Ehe vorstellen können, meinen Mann zu betrügen. NIE! Wenn man einander betrügt, kann keine Liebe mehr vorhanden sein – also, wenn das jetzt wirklich ein Betrügen war ... Oh ... mein ... Gott, nun aber zackig ablenken, ablenken, ablenken!

Zeit, um arbeiten zu gehen

Wie ist das wohl? Wie wird sie reagieren, wenn wir uns wiedersehen? Eigentlich habe ich Bauchweh. Oder lieber Kopfweh? Nein, nichts von beidem. Wieso soll es beim Arbeiten auf einmal anders sein? Hat sie mit ihrer Vermutung, dass sich alles ändern könnte, doch recht gehabt? Nein, Quatsch, es war eine einmalige Sache. Eine schöne einmalige Sache. Eine wunderschöne einmalige Sache, so, jetzt stimmt es.
Unser Wiedersehen ist erstaunlich locker. Locker und doch ein wenig verlegen. Dieses Wochenende hat tatsächlich etwas verändert zwischen uns. Es ist schwierig, das zu beschreiben. Verkrampft wäre das falsche Wort. Wir reden nicht darüber. Anstelle von mir hat sie meinem Mann gegenüber ein schlechtes Gewissen. Das ist das, was sie mir gesagt hat. Ansonsten ist das Thema soweit vom Tisch.

Der geschrumpfte Arbeitsplatz

Manchmal gibt es sehr seltsame Phänomene auf dieser Erde. Bisher war unser Arbeitsplatz gross genug, um gut zu zweit arbeiten zu können.
Nun ist es so, dass der Raum immer kleiner wird. Wir kriegen es nicht mehr hin, aneinander vorbeizugehen, ohne uns zu berühren. Schlimmer noch, manchmal ist es dermassen eng bei uns, dass wir uns regelrecht aneinander festhalten müssen, um aneinander vorbeizukommen. Ach, diese Schrumpfküchen …
Wir geniessen beide die Berührungen sehr, reden aber nicht darüber. Mein Herz spüre ich jedesmal bis zum Hals. Okay, eine Wahnsinns-Leistung ist das jetzt nicht bei einer Körpergrösse von gerade mal 163cm.

Ärger zu Hause

Seit unserem Experiment-Wochenende ist es für mich kaum mehr auszuhalten, zu Hause zu sein. Ich ertrage mein «Schaf» wirklich nicht mehr. Wie es kaut, wie seine Löckchen aussehen, es ekelt mich einfach nur noch alles an ihm an.
Da meine Chefin eine sehr soziale Ader hat, schlägt sie mir vor, über das Wochenende zu ihr zu kommen, damit ich von meinem «Tier» zu Hause etwas Abstand gewinnen kann. Meinem «Vierbeiner» ist dieser Vorschlag nur recht, denn schliesslich erträgt er mich, mit meiner «Anti-Tierhaltung», auch nicht mehr so ohne weiteres. Gesagt, getan, ich packe also meine sieben Sachen und fahre zu ihr.
Du kannst dir bestimmt vorstellen, dass mit einem einzigen Experiment die Welt noch nicht erfunden ist, also forschen wir das ganze Wochenende über weiter – über Monate …!
Für mich ist diese Situation nicht schlimm, ich kann das mit meinem Gewissen, falls ich überhaupt eines habe, gut vereinbaren. Mein Mann zu Hause und meine «Labor-Partnerin» immer mal wieder zwischendurch, passt doch ganz gut.

Es muss etwas geschehen!

Mein Mann und ich haben uns je länger desto weniger zu sagen. Ich bin froh, wenn er arbeiten gehen muss, und er ist froh, wenn ich das Wochenende über mal wieder bei meiner Chefin bin – ich übrigens auch. Solange wir uns aus dem Weg gehen, können wir einigermassen mit unserer doch schon ziemlich kaputten Ehe umgehen. Es ist nicht so, dass wir Streit hätten oder so. Wenn wir Streit hätten, dann wäre das wahrscheinlich sogar noch gut, dann hätten wir wenigstens noch so etwas wie Gefühle füreinander, aber so …

Die unausweichliche Explosion

Heute kommt die Frage, die eigentlich unausweichliche, längst fällige Frage von ihm:

«Was ist eigentlich los mit dir?!»

Mir kullern die Tränen übers Gesicht. «Ich weiss es nicht», sage ich ihm. «Ich weiss es echt nicht. Ich weiss bloss, dass ich dich nicht mehr ertrage!» Geschockt und doch erleichtert, dass ich endlich spreche und nicht mehr ausweiche, schaut er mich an.
«Hast du einen anderen Mann?», fragt er mich.
«Nein, bestimmt nicht.»
«Was ist es dann?»
«Ich habe ein Problem mit dir, nicht nur mit dir als Mensch, sondern mit dir als Mann.»
Seine Augen werden immer grösser!
«Was heisst das, willst du eine Frau?!»

«Ich weiss es nicht.»
Er wird lauter: «Dann musst du es rausfinden!!!»
«Super, wie denn?!»
Ich weiss nicht, was meine Verliebtheit in meine Chefin bedeutet – ich bin nicht sicher, ob ich mich in den Menschen in ihr oder in die Frau in ihr verliebt habe!
Ich traue mich nicht, ihm von ihr zu erzählen, denn schliesslich kennt er sie und mag sie sehr gerne.
«Du musst es rausfinden», wiederholt er. «Geh zu meiner Schwester und erzähl ihr von unserer Situation.» Du musst wissen, seine Schwester hat uns nach einer jahrelangen Beziehung mit einem Mann aus heiterem Himmel verklickert, dass sie nun mit einer Frau zusammen sei …
Ich weiss nicht recht, ob ich das tun soll, denn mein Gefühl sagt mir, dass ich mich wohl eher in meine Chefin «als Mensch» verliebt habe und nicht in sie «als Frau». Meine Chefin spürt das auch, das schliesse ich auf jeden Fall aus ihrem Verhalten. Immer wieder sagt sie mir, dass wir DAS beenden müssen. Die Vernunft in mir stimmt ihr ganz klar zu, aber mein Herz scheint taub zu sein. Ich weiss nicht, wie meine Chefin das macht, die hat da bestimmt so einen Schalter im Bauch, den sie einfach mal so kippen kann, wie sie will.
Sie kann «DAS» einfach so beenden? Wie macht man das, wo lernt man das, in der Schule? Hätte ich doch bloss besser aufgepasst im Unterricht …
Meine Chefin spürt immer mehr, dass ich wohl nicht im Besitz eines solchen Kippschalters bin, und geht auf Abstand. Ich verstehe die Welt nicht mehr! Da ist doch was zwischen uns, das darf man doch nicht einfach so wegwerfen?! Dass sie mir sagt, dass es für uns noch «zu früh» sei, macht es mir auch nicht

wirklich leichter.
Was heisst zu früh? Herrgott nochmal, was heisst zu früh? Sie spricht gerne in solchen Rätseln und lässt mich dann einfach zappeln und stehen. Haben wir eine Zukunft zusammen? Aber sie will sich vorher noch ein Kind von einem Mann anlachen, oder was heisst denn hier zu früh? Diese Frau macht mich wahnsinnig, echt!
Wie zum Teufel geht das, wie kann sie das, ist sie einfach nur kalt und herzlos, oder habe ich da was verpasst? Kann das jeder, einfach aufhören? Haben meine Eltern damals tatsächlich vergessen, bei mir diesen beschissenen Schalter einzubauen? Super, wäre ja mal wieder typisch! Komm, wir zeugen schnell ein Kind, und danach wieder husch, Schalter kippen, husch ab in die Werkstatt. Scheisse!
Gibt es für mich eine Schalterwerkstatt? Wer baut diesen Schalter bei mir jetzt nun mal endlich ein?
Meine Chefin spürt ganz genau, dass ich «Schalter» noch nicht einmal buchstabieren kann, deshalb fährt sie nun mit den knallharten Geschützen auf. Sie flirtet mit allen und jedem! Flirten, was heisst da flirten, sie schmeisst sich unseren Gästen regelrecht an den Hals bzw. setzt sich immer häufiger den Gästen auf die Knie und kichert hysterisch in der Gegend rum. Das sitzt, wortwörtlich, das schmerzt, aber ihr geht das wohl an der Sache vorbei, dass sie da so bequem auf den Gästen hockt! Ich spüre, dass sie das sogar absichtlich macht...
Ich weiss, dass ihr Herz weint, dass es schreit! Aber sie kann bzw. will nicht anders. Sie ist ein extrem kopfgesteuerter Mensch, das Herz hat sie versteckt hinter einer riesengrossen Betonmauer. Ihr Herzschalter steht auf «Off».
Sie kann mir nichts vormachen, ich spüre, dass sie nicht so

fühlt, wie sie sich verhält, und ich kann nichts dagegen tun!
Ich glaube, sie ist der sturste Mensch, den ich jemals getroffen habe, und ich weiss, was das heisst, schliesslich laufe ich auch in einem sturen Körper durch die Gegend.
Wenn sie sich einmal für oder gegen etwas entschieden hat, dann bleibt sie dabei, ohne Rücksicht auf alles! Ich habe verloren! Ich könnte schreien und heulen! Gut, «könnte» ist etwas untertrieben. Die Ära meiner sintflutartigen Heulkrämpfe hat soeben begonnen.

Immer wieder schiessen mir die Tränen in die Augen. Nein, bestimmt nicht vor ihr! Einen «Ein klein wenig Stolz»-Schalter oder einen «Arschlochschalter» habe sogar ich, und ich kippe den sofort.

Die Hölle beginnt

Aufstehen am Morgen macht keinen Sinn mehr! Warum auch, um mich wieder und wieder verletzen zu lassen? Soll ich meinen Job kündigen? Nein, das tue ich ganz bestimmt nicht, so leicht wird sie mich nicht los. Ich merke doch, dass auch sie leidet!
Ein Fünkchen Hoffnung lodert noch immer in mir. Eine kleine Hoffnung, die mir sagt, wenn sie permanent den Schalter gekippt hält, muss der doch irgendwann mal kaputt gehen. Nur wann, das ist hier die grosse Frage. Wer geht wohl zuerst kaputt, der Schalter oder ich? Momentan sieht es so aus, als würde der Schalter dieses Scheiss-Spiel gewinnen!
Ich kann nicht mehr schlafen, nicht mehr essen. Die Waage, die eigentlich mein ganzes Leben lang immer gegen mich war, entpuppt sich langsam, aber sicher zu meiner besten Freundin. Die Kilos purzeln, die Fettreserven verschwinden, und die normalen Konfektionsgrössen für Erwachsene gleich mit ihnen. Kleider kaufe ich nun in der Kinderabteilung, toll!
Ist der Pullover mit «Winnie Puuh» schöner oder doch eher der süsse, rosafarbene mit «Prinzessin Lillifee»?! Trotz der erschreckenden Kleiderauswahl – was tun wir bloss unseren Kindern an! – kann ich nicht wieder normal essen! Ich kriege einfach nichts runter. Mein Vater hat schon Angst, dass ich auf eine Magersucht zusteure ... Wenn der wüsste ... Er würde bestimmt die Magersucht vorziehen ... Würde sie am liebsten verhauen ... ja wer denn sonst ...
Ich kann ja auch einfach in den nächstbesten Baum fahren oder mich von einer Brücke stürzen, dann sind meine Sorgen von wegen «Winnie Puuh» oder «Lillifee» und all die anderen nicht

mehr da! Das wäre die Lösung! Nur – was ist, wenn ich dummerweise auf einem Schwan lande, der im Gegensatz zu mir dann das Leben lang tot ist, und ich zu allem Überdruss noch mit einem schlechten Gewissen zurückbleibe? Wenn ich dann weiterleben muss mit dem Scheiss-Karma, eine Mörderin zu sein?!
Ich könnte Tabletten schlucken und mich so ganz friedlich davonstehlen und meine Sorgen zurücklassen. Dumm ist es nur, wenn die Dosierung nicht reicht und ich mir danach die Seele aus dem Leib kotzen muss. Kotzen finde ich so übel! Ich habe Erfahrung damit …
Die Vollgasfahrt in einen Baum scheint mir die sicherste Lösung zu sein … Wenn ich aber kurz vor dem Aufprall dann doch noch kalte Füsse bekomme, abrupt abbremse, es zu spät für den sicheren Tod ist, dafür aber für eine Behinderung reicht … Nein, das ist mir auch zu riskant!
Hey, jetzt komm zur Vernunft, wo war schon wieder dieser Vernunft-Schalter, der wurde nämlich eingebaut, du hast Kinder! Du hast dich für sie entschieden, also lässt du sie auch nicht auf so eine feige Art und Weise im Stich, verstanden!!!! Ich vertraue mich einer Freundin an, ich packe das nicht mehr alleine.
«Du musst sie vergessen», sagt sie immer wieder zu mir.
«Na wie denn?»
«Du musst kündigen!»
«Ich kann das nicht – wenn ich kündige, dann sehe ich sie gar nicht mehr.»
Früher habe ich mir mit Ritzen selbst Schmerzen zugefügt, mein Herz will das allem Anschein nach heute noch immer – ich kündige nicht!

Hilferuf bei meiner Schwägerin

Wenn ich nicht ganz an meinem Kummer kaputt gehen will, muss ich wohl den Vorschlag meines «Schafes» nun doch umsetzen und seine Schwester anrufen. Gesagt, getan.
Das Gespräch zwischen ihr und mir verläuft total gut. Endlich ist da jemand, der mich so richtig versteht. Ich quetsche sie aus, will ihre ganze Geschichte hören. Gibt es das tatsächlich, dass man mehrere Jahre mit einem Mann zusammen sein kann, und dann auf einmal verliebt man sich in eine Frau?! Wie geht denn das, wie ist sowas möglich ... waren meine Fragen. Einerseits konnte ich mir das überhaupt nicht vorstellen, auf der anderen Seite aber hatte mich das damals total fasziniert. Dass sowas überhaupt geht, unglaublich.
Und nun, nun war ich selber in so einer verstrickten Situation. Kann ich mich mit der Schwester von meinem Schaf vergleichen? Keine Ahnung. Nein, bestimmt nicht! Ich bin verheiratet und habe zwei Kinder! Ich habe zuvor noch nie in meinem Leben etwas mit einer Frau gehabt! Ganz im Gegenteil, die Frauen waren für mich irgendwie immer furchtbar kompliziert und sehr anstrengend.
Will ich mir wirklich sowas antun, ich meine, so ein Frau-Ding?! Reicht es denn nicht, dass ich jeden Monat mit meiner Menstruation klarkommen muss? Will ich noch ein Wesen um mich haben, das dieselben Probleme hat wie ich? Die Regelblutung ist ja noch das eine. Will ich meinen Beinrasierer wirklich mit jemandem teilen?
Es ist ja schon schwer genug, meinen Mann einigermassen anständig einzukleiden – will ich mich jetzt noch um BHs einer Frau kümmern müssen? Nein, echt nicht! Mir graut ja schon

vor dem Moment, wo meine Tochter in die Pubertät kommt! Ich lege mir ganz bestimmt keine Frau zu, bei der jeden Monat die «Pubertät» wieder an die Tür klopft! Eigentlich ist die Idee meines Mannes, ich solle mit seiner Schwester reden, ja süss, aber trotzdem ist es total sinnlos und überflüssig.

Sie erklärt mir: «Wenn du wissen willst, ob es dich mehr zum weiblichen Geschlecht hinzieht, dann musst du das herausfinden. Du kannst so weiterleben wie bis anhin und über die Klinge springen oder aber du schaust hin.» So weiterleben wie bis anhin kann ich nicht, ich würde das nicht überleben, das ist mir bewusst.

«Okay, und wie soll ich das herausfinden?», frage ich sie. «Du musst eine Frau kennenlernen.»

«Ja wie denn? Frauen, die auf Frauen stehen, haben ja keinen blauen Tupf auf der Stirn, damit man sie gleich erkennt!»

«Das stimmt.» Meine Schwägerin gibt mir die Adresse einer Internetplattform an, wo sich Frauen kennenlernen können. «Soll ich da echt mal reinschauen? Ich habe Bedenken.» Da tummeln sich ja lauter Lesben herum …

«Hilfe, bin ich wirklich eine voll krasse Lesbe?»

Dieser Begriff gefällt mir eigentlich gar nicht …

Frauen-Chat

Also gut, ich habe nichts mehr zu verlieren, ich melde mich an. Sehe das mal als meinen persönlichen Rettungsring an …

Auch hier wollen sie, wie in allen Foren, einen Nickname, am liebsten noch ein Foto und weitere Details. Ja hallo, bin ich denn wahnsinnig, das mache ich ganz bestimmt nicht!
Gut, anmelden kann ich mich ja mal, ich muss ja nichts von mir preisgeben, was ich nicht will. Und ein Foto, ein Foto stelle ich ganz bestimmt nicht ins Netz! Okay, Nickname, Nickname, Nickname … Was für einen Nickname soll ich bloss wählen?
In einem Computerkurs, den ich vor einigen Jahren einmal absolviert habe, hat uns der Lehrer das Chatten erklärt und auch gleich demonstriert. Dabei hat er einen Nickname benutzt, den ich so süss fand. Buzzli, ist der nicht putzig? Also melde ich mich unter dem Namen Buzzli an.

Mir ist das nicht so ganz geheuer, ich sehe Bilder von regelrechten Kampflesben. Hilfe, dass die mich bloss nicht anschreiben, die machen mir Angst! Von mir kann niemand etwas sehen. Das Einzige, was man von mir erfahren kann, ist mein Alter und mein schnuckeliger Chatname.
Auch hier geht die Post ab, wie damals im Ladies Only Chat, klar, wir haben schon wieder Frühling. Aber halt mal, bin ich in ein Piranhabecken gefallen?! Kaum drin beissen sie auch schon an.
Ich weiss nicht, ob es ein Frauensterben gibt und ich mal wieder nichts davon mitgekriegt habe oder was sonst los ist, aber irgendetwas scheint mir hier faul zu sein. Diesen seltsamen Leuten scheint egal zu sein, dass ich kein Bild von mir ins Netz gestellt habe. Egal, wie ich aussehe. Egal, ob ich ein Mann oder sonst ein ekelhaftes Wesen bin. Ui, die da, die ist ja krass! Mein «Schaf» sieht im Vergleich zu der ja aus wie eine «Schäfin».
So viele Androgene gemischt mit Testosteronen auf einem Foto habe ich selten gesehen. Ist die sicher, dass sie eine Frau ist?! Das ist sowieso ein Phänomen, das ich nicht verstehe.
Eine Frau, die auf Frauen steht, möchte doch auch eine Frau als Partnerin und nicht so eine Kampfmaschine. Warum nur gibt es dermassen viele von diesen Hardcore-Lesben in Männerkleidern, mit männlichem Gehabe und breiterer Gangart als Arnold Schwarzenegger? Ich verstehe es nicht, ich verstehe es wirklich nicht. Kann mir das bitte mal jemand erklären?
Genau gleich ist es bei den Männern. Es gibt so viele extrem tuntige Schwule. Warum ist das so? Die fühlen sich ja nicht im falschen Körper, die sind einfach nur schwul, und basta. Bei manchen Männern würde Marilyn Monroe erblassen vor Neid, so sehr brezeln die sich auf.

Wäre schön, wenn mir das mal jemand erklären könnte. Ich lass es mal stehen ... und sorry Jungs, wegen der Bemerkung ... Mir machen solche Frauen wirklich Angst, ich kann da absolut nichts Attraktives daran finden.
Jetzt mal angenommen, ich gehöre tatsächlich auch in diesen Homoverein, was ich stark bezweifle, dann muss ich wohl noch ganz viel lernen ... Seltsam, ich hätte wetten können, dass ich die einzige Person hier in diesem Chatforum bin, die verheiratet ist und Kinder hat. War wohl nix, so gut wie jede, die mich anschreibt, hat Kinder.

Mensch Frauen, was ist bloss los mit uns? Ist das einfach nur ein schlechter Traum? Man kann doch nicht auf einmal lesbisch werden, um Himmels willen!

Wenn ich meine Chefin sehe, geht es mir noch immer schlecht. Ich ertrage ihre Nähe kaum mehr. Sie hat nun wieder einen Freund, armes Schwein. Ich mag ihn nicht. Das Nervigste, das absolut Beschissenste an ihm ist, dass er eigentlich ganz nett ist. Grausam sowas, echt!
Ich versuche, ihr so gut es geht aus dem Weg zu gehen, ihre Anwesenheit schmerzt einfach zu sehr!
Irgendwie bin ich ihr hörig. Ich glaube, sie könnte alles von mir verlangen, ich würde es tun. Nur verlangt sie aber nichts von mir!!
Manchmal, wenn ich sie sehe, bekomme ich beinahe Angst. Da steht ein Mensch vor mir, eine junge Frau, die mein Leben in ihrer Hand hätte, wenn sie nur wollte. Ich weiss und du weisst auch, dass ich mich vor etlichen Jahren verloren habe. Dass ich mich stets fügte, immer das tat, was man von mir verlangte.

Aber dass ein Mensch wie sie eine solche Macht über mich hat, finde ich absolut beängstigend!
Ich sehe mich weiter in diesem Frauenchat um, das tut mir irgendwie gut. Es lenkt mich zumindest von meinen Sorgen und meinem Herzschmerz ab.
Meinem Mann habe ich davon erzählt, er ist froh, dass ich etwas unternehme, um meiner seltsamen Gefühlssituation auf den Grund zu gehen.
Durch das Schreiben lerne ich eine Menge lieber, teils auch schräger Frauen kennen. Gerade mit denen, die auch Kinder haben, unterhalte ich mich sehr gern. Das sind Frauen, die mich verstehen, solche, die im selben Boot sitzen wie ich. Eine von denen möchte mich sehen, sie wohnt nicht sehr weit weg von mir. Ein «Blinddate» schlägt sie vor. Ein «Blinddate» und das in meinem Alter! Ich liebe ja spontane Aktionen, ich bin auch nicht prüde oder so, aber ein Blinddate …?
Ich hatte ja in meiner Jugend noch nicht einmal einen «One-Night-Stand», und jetzt soll ich mich auf ein Treffen mit jemandem einlassen, den ich nicht kenne? «Ein Blinddate», und dann erst noch mit einer Frau?!
Ich hatte noch nie ein Date mit einer Frau! Über was redet man denn da? Über Achselhaare, die nerven, oder über nicht gut klebende Slipeinlagen, die einen dermassen nerven, weil sie immer an Orten hängen bleiben, wo sie gar nicht sollen? Was, wenn sie über Krampfadern diskutieren möchte? Ich habe noch nicht mal welche. Auf was lasse ich mich da bloss wieder ein?!
Meine letzte schräge Aktion hat mich genau in die Scheisse geritten, in der ich jetzt sitze. Und jetzt soll die nächste folgen?

Mein Blinddate, meine Blinddates

Heute ist es so weit, ich treffe mich mit einer mir unbekannten Frau. Ja, ich gebe es zu, ich habe einen Knall, das habe ich aber auch noch nie abgestritten, und nervös bin ich auch.
Schliesslich bin ich seriös und habe so etwas noch nie zuvor gemacht. Was macht man denn da überhaupt? Was spricht man denn da? Vielleicht finde ich sie ja gar nicht, wir sind ja nicht die einzigen Menschen auf diesem Planeten. Was, wenn sie total unsympathisch ist? Oder böse? Vielleicht ist sie abgrundtief hässlich oder stinkt. Vielleicht stinkt sie und ist hässlich!
Und wenn sie sabbert beim Sprechen, dann muss ich lachen, ich kenne mich doch, ich muss lachen! Aber ich will nicht lachen. Soll ich dann an etwas Trauriges denken? Vielleicht an den totgefahrenen Vogel, den meine Schwester und ich auf dem Nachhauseweg von der Schule gefunden hatten? Das war echt traurig. Es war eben ein ganz besonders schöner Vogel. Wir gingen ihn mit einer Schaufel holen und beerdigten ihn bei uns zu Hause. Sogar meine Mutter war an der Abdankung mit dabei, so traurig war das!
Ach du Scheisse, was mache ich, wenn ihr ein Popel aus der Nase hängt?! Sage ich es ihr dann oder lieber nicht? Nein, bestimmt sage ich nichts, das wäre zu peinlich. Obschon, wenn mir was aus dem Gesicht hängen würde, dann wäre ich froh, wenn mich jemand darauf aufmerksam machen würde. Jemand, ja, nur bin ich nicht jemand, ich bin ihr unbekanntes Date, ich kann es ihr nicht sagen, sie würde vor Scham im Erdboden versinken!!! Und dann, was wäre dann, wo wäre dann mein Date? Im Erdboden, na super!
Aber ehrlich gesagt wäre mir das noch lieber als ein Popel-Date.

Oh Gott, lass sie bitte nicht erkältet sein!!!
Und wenn ... oje, sie ist ein Mann, sie ist bestimmt ein Mann, sie ist ein Psychopath! Sie hat bestimmt einen Eiszerkleinerer in ihrer Handtasche. Sie ist ein Mörder! Mensch, was tu ich bloss?! Einatmen, ausatmen, einatmen, ausatmen.
Diese Frau hat sich mir beschrieben, also werde ich sie an unserem Treffpunkt auch finden. Wenn nicht, dann haue ich gleich wieder ab, noch bevor mich das Mannsweib mit dem Eiszerkleinerer in der Handtasche findet!
Sie bringt rote Rosen als Erkennungsmerkmal mit, hat sie mir geschrieben! Na, hat die nicht mehr alle Hamster im Rennen?! Sie kann mir doch keine Blumen mitbringen! Abgesehen davon, dass ich Heuschnupfen habe: Ich bin verheiratet und habe einen Mann zu Hause, der von nix weiss! Und was um Himmels willen sollen denn all diese Leute denken, wenn da eine Frau daherkommt, die einer anderen Frau rote Rosen schenkt, Betonung auf rote!
Das geht doch nicht, das sieht ja nach einem Lesben-Treff aus! Hey, gute Frau, ich bin das nicht! Ja, okay, ist ja lieb gemeint von ihr, aber Rosen, rote Rosen, echt, ich fasse es nicht! Ich muss ihr wohl erklären, dass ich nicht mit roten Rosen zu Hause aufkeuzen kann. Tz ... Die hat ja noch den grösseren Knall als ich! Ich mache mich dann also mal auf zu unserem Treffpunkt. Hoffentlich bin ich zuerst da, so muss sie mich ansprechen und nicht ich sie.
Okay, welche von all diesen hunderten von Menschen ist sie denn jetzt? Da stehen einige dumm rum. Vielleicht ist der Bahnhof nicht gerade der geeignetste Ort, jemanden zu finden, den man noch nie zuvor getroffen hat. Tja, da muss ich jetzt durch. Einige, die ich anschaue, würdigen mich keines Blickes.

Gehört sie zu diesen Leuten? Vielleicht findet sie das ja spannend, vielleicht sieht sie das als eine Art «Such-Spiel» an und schaut extra weg. Ist ja ein Scheissspiel! Bestimmt bin auch ich ihr erstes Blinddate, daher ihre «wunderbare» Idee mit den Rosen. Sie hätte ja auch einen Regenhut oder eine Strickmütze anziehen können, von mir aus. Aber nein, sie bringt Rosen mit, rote Rosen! Ich fasse es noch immer nicht!
Da, ich glaube, das könnte sie sein. Ihrer Beschreibung nach ist diese Person zwar einen halben Meter zu kurz, aber sie grinst mich an.
Meint die mich? – Sie kommt auf mich zu! – Ui, ist die klein! – Ist das ein Kind? – Wäre aber ein gut erzogenes, fröhliches Kind – ein altes Kind. – Aber so klein – Nein, eine Frau, es ist tatsächlich eine erwachsene Person. Eine Frau. – Hilfe! Es gibt kein Zurück mehr! – Hallo, schön dich zu sehen …
So hat es angefangen. Dass sie sich im Chat auf gut einen Meter sechzig gepimpt hat, in Wirklichkeit aber etwa einen Meter fünfundvierzig ist, spreche ich nicht an, denn schliesslich ist sie nett, sie ist wirklich ganz nett. Und sie ist eine Frau!
Sie macht den ganzen Abend keine Anstalten, einen Eiserzkleinerer aus ihrer Tasche zu nehmen. Ich fühle mich wohl in ihrer Nähe, sie könnte meine Cousine sein oder meine Nachbarin. Das Problem ist nur, ich habe bereits eine Nachbarin, und Cousinen habe ich sogar vier und benötige keine weiteren. Ja wie denn auch, noch mehr Wohnung hüten, Pflanzen giessen und Haustiere füttern? Oder zusätzliche Familienfeste und Geburtstage feiern? Auch mein Tag hat bloss 24 Stunden!
Wir treffen uns ein weiteres Mal und verbringen erneut einen netten Abend. Aber nett ist die kleine Schwester von, na ja, du weisst schon … Alles schön und gut, aber nette Frauen kenne

ich genug. Eine Zeit lang schreiben wir uns noch, dann verläuft der Kontakt im Sand ...

Mein Leben scheint irgendwie komplizierter zu sein als angenommen. Oder bin ich es etwa, die kompliziert ist?! Eigentlich müsste ich ja auch nicht so wählerisch sein. Die kleine Frau war ja wirklich lieb. Ich finde es sowieso schwierig, zu erkennen, ob sich aus einem Date, einer Bekanntschaft was entwickeln könnte oder nicht. Ich bin nicht mehr in Übung.

Damals, als ich meinen Mann kennen lernte, war er ja auch bloss nett. Mir fällt sogar gerade ein, dass ja auch er klein ist, und trotzdem habe ich ihn genommen.

Gut, genommen ist vielleicht das falsche Wort. Er hat mir eher etwas gegeben – einen dicken Bauch. So, wie es bei den meisten Menschen am Anfang einer Beziehung ist, dass sie nämlich über beide Ohren verliebt sind und die rosarote Brille tragen, war es bei uns nie. Im Gegenteil. Noch nie zuvor hatte ich mich mit einem Mann dermassen gezofft!

Ich war es gewohnt, dass ich meinen Willen durchsetzen konnte, dass die Männer tun, was ich möchte, dass ich das letzte Wort habe. Bei ihm ging das nicht! Stellt euch das mal vor! Da kommt ein kleiner, netter Mann in mein Leben und erlaubt sich, nicht das zu tun, was ich will! Geht ja gar nicht!

Ich merke gerade, dass ich mich immer mehr in die «Unsympathische-Schnepfe-Kategorie» hineinmanövriere. So ist es nicht! So ist es wirklich nicht! Ich bin ganz lieb, wirklich!

Ich erzähle dir hierzu eine kleine Episode von unserer «Anfangsverliebtheitsphase». Den Grund, warum wir damals Streit hatten, kann ich dir nicht mehr nennen, wirklich, es ist schon viel zu viele Jahre her. Trotzdem kann ich mich noch gut an diesen schockierenden Abend erinnern!

Also, wie gesagt, wir hatten mal wieder Streit. Er war an diesem Abend in seiner Wohnung, ich bei mir zu Hause. Wir telefonierten, bis das Gespräch eskalierte. Er trieb mich dermassen zur Weissglut, dass ich in meiner jungen, naiven Art – ich war erst 22 Jahre jung – nichts weiter wusste, als den Hörer aufzulegen. Meine Handlung schockierte mich Sekundenbruchteile danach selber! Noch nie war mir so etwas passiert. Noch nie hatte mich ein Mensch, schon gar nicht ein kleiner, netter Mann, so weit gebracht, dass ich mich verbal nicht mehr zu wehren wusste! Schock! Ich, die als Kleinkind schon immer das letzte Wort hatte! Dieser Arsch! Was erlaubt der sich denn eigentlich! Was meint der eigentlich, wer er ist? Wenn er zurückruft, dann lasse ich es klingeln, das ist ja wohl klar!
Sekunden vergingen, viele Sekunden ...
Wie lange braucht der denn eigentlich, um gedanklich einen Satz hinzukriegen, mit dem er sich bei mir entschuldigen will?!
Der Arsch!
Minuten vergingen ...

Okay, in Deutsch war er schon immer schlecht, ich hatte zwar bisher gedacht, bloss in Grammatik, wahrscheinlich brauchte er noch ein paar weitere Minuten, um die perfekte Entschuldigung vorzubereiten.
Nichts!
Ich hörte nichts!
Kein Klingeln, nichts war zu hören ausser meiner schnaubenden Wut auf diesen Arsch!

Das gibt's doch nicht! Hat der wirklich das Gefühl, dass ich ihn zurückrufe?! So weit kommt es noch – genau in 30 Sekunden!
Ich rief ihn an, ich rief ihn tatsächlich zurück!
Das war wohl der Abend, dieser eine besagte Abend, an dem ich mir selber mein Grab schaufelte. Es war vorbei mit meiner Selbstbestimmtheit! Er hatte gewonnen, und ich liess es für die nächsten 14 Jahre geschehen. Schnauze halten, anständig bleiben und gehorchen! Tja, selber schuld.

Nochmals ein Anlauf, der zweite

Jetzt aber genug gejammert, ich nehme mein Leben ab sofort wieder in meine eigenen Hände. Bestimmt wartet schon ein neuer «Chat-Kumpel» bzw. eine «Chat-Kumpeline» auf mich, ich schaue mal nach. Eine weitere Frau möchte sich mit mir treffen. Na gut, warum eigentlich nicht, das letzte Mal war ja nett.
Auch sie ist Mutter, wie ich. Ist für mich schon mal beruhigend, so kommt sie sicher nicht auch auf die absurde Idee, mir Blumen mitzubringen. Wir verabreden uns also samt unseren Kindern. Ein Vergnügungspark scheint uns der optimalste Ort zu sein. So können die Kinder miteinander spielen und wir in «Ruhe» quatschen. Auf dem Parkplatz vor dem Eingang verabreden wir uns also. Ein wenig nervös bin ich schon, schliesslich sind meine Kinder mit dabei.
Da kommt ein Auto, das wird sie sein. Auf den ersten Blick erkenne ich, dass sie hübsch ist. Das ist ja schon mal was ... Die Begrüssung ist herzlich und absolut unkompliziert. Sie erzählt mir gleich am Anfang, dass sie sich heute den Kopf gestossen hat. Krass, ich kann es sofort sehen! Sie hat eine total geschwollene Oberlippe, muss wohl mit einem Riesentempo gegen was geknallt sein. Armes Ding!
Ach so, den Kopf hast du dir gestossen, also nur den Kopf, so ganz ohne Gesicht?! Scheisse, wie quatsche ich mich jetzt bloss aus dieser Affäre wieder raus, in die ich mich reingeritten habe? Da habe ich sie doch schon auf ihre geschwollene Lippe angesprochen! Scheisse, die scheint wohl original zu sein! Wie peinlich ist das denn!
Ist mal wieder typisch für mich, es quatscht, bevor es studiert!

Gut, wie kann ich das denn wissen, ich habe noch nie zuvor einen weissen Menschen mit dermassen grossen Oberlippen gesehen. Ich wechsle das Thema, sofort! Es funktioniert! Sie nimmt es mir nicht übel, Schwein gehabt!

Im Park ist es gemütlich, die Kinder verstehen sich auf Anhieb, spielen und tollen herum! Wir haben jede Menge Zeit, uns etwas besser kennenzulernen. Sie ist nett, doch irgendwie stimmt da was nicht so ganz. Wenn das, was sie sagt, so «attraktiv» wäre wie ihr Aussehen, dann würde das einem Lottogewinn sehr nahekommen. Ich weiss nicht, wie ich das erklären soll. Sie ist jetzt nicht dumm oder so, aber sie hat bei der Intelligenzverteilung wohl einfach nicht wirklich gut zugegriffen oder hat den Moment verpasst, weil sie gerade vor dem Spiegel gestanden hat. Attraktivität ist toll, ganz klar, aber wenn ich mich mit einer Person nur schwer über Alltägliches unterhalten kann, weil sie keinen Plan hat, wovon ich spreche, dann wird es doch schon ganz schön anstrengend.

Trotz schöner Frau, schönem Wetter und lieben Kindern ist auch dieser Tag bloss nett. Schade! Etwas gefrustet fahre ich wieder nach Hause. So wird das nichts, so kann ich definitiv nicht rauskriegen, wie es um mich und meine Veranlagung steht. Ich bin traurig, richtig geknickt.

Wie soll das bloss weitergehen? Es geht ganz normal weiter, langweilig, gefrustet und unglücklich. Trotz diesen zwei nichtpassenden Dates setze ich mich wieder an den Computer. Wieder zieht es mich zu diesem Frauenchat. Wieder logge ich mich ein, und wieder möchte mich eine Userin kennenlernen.

Eigentlich sind ja aller guten Dinge drei. Deshalb lasse ich mich auch auf ein weiteres, letztes Treffen ein. Wenn sich aber auch diese Verabredung als ernüchternd herausstellt, dann war's das.

Dann gebe ich auf. Dann muss ich aufgeben! Dann gehe ich ins Kloster, bestimmt gibt es auch attraktive Klosterfrauen, mit denen man sich obendrein noch unterhalten kann ...

Dritter Anlauf

Mit dieser Frau verabrede ich mich in der Bar, in der ich arbeite. Bereits am Morgen bin ich nervös. Schliesslich weiss ich nicht genau, wann sie vorbeikommen wird.
Die Tür geht auf ... Bei diesem, meinem dritten Date ist mir nicht gleich auf den ersten Blick klar, ob ein Mann oder eine Frau vor mir steht. Es ist aber auf jeden Fall eine süsse, nette, kleine Person. Sie ist mir sehr sympathisch, etwas zu schüchtern vielleicht, aber wirklich sehr lieb. Womit ich bei ihr etwas Mühe habe, ist ihr Style. Das klingt jetzt bestimmt sehr arrogant von mir, ich möchte das nicht, sorry! Ich erkläre es dir ...
Es ist so, dass diese Frau für mich das typische Bild einer Kampflesbe abgibt. Diese kleine, liebe Person hat, optisch gesehen, mehr männliche Hormone als der potenteste Mann! Manchmal machen mir solche «Mannsweiber» wirklich grosse Angst, auch wenn sie ganz lieb sind.
Für mich ist es schon tragisch genug, mir eventuell eingestehen zu müssen, dass ich auf Frauen stehe. Wenn ich mir nun aber vorstelle, mit so einer «Androgen-Maschine» unterwegs zu sein, einer Frau, der schon zehn Meter gegen den Wind der Stempel LESBE anzusehen ist – das kann ich nicht. Sorry, das kann ich wirklich nicht. Wenn ich daran denke, diese Frau meinen Kindern, Freunden und Verwandten als meine Partnerin vorzustellen – nein, das geht einfach nicht. Ich bin noch nicht so weit!
Mir ist schon klar, dass ich nach einem Blinddate nicht gleich «geflasht» nach Hause gehe und diese Frau am liebsten gleich wiedersehen würde. Dennoch reicht mir das, was ich mit diesen drei Frauen erlebt habe, einfach nicht. Wenn es wirklich

so ist, dass ich an die Seite einer Frau gehöre, wenn es wirklich nicht mehr anders geht, als dass ich meinen Mann verlassen muss, dann muss es wirklich stimmen! Dann muss es passen! Dann möchte ich nicht schon am Anfang Kompromisse eingehen oder, noch schlimmer, mich für meine Freundin schämen müssen.

Ich möchte frei lieben, leben und zu 100 % hinter meiner Partnerin stehen können.

Ich möchte sie stolz der ganzen Welt als meinen Schatz präsentieren können.

Ich möchte Schmetterlinge in meinem Bauch tanzen spüren.

Wenn das alles nicht geht, wenn es so etwas womöglich überhaupt nicht gibt, dann will ich es nicht!

Ich will alles oder nichts!

Ich zerstöre nicht meine Familie für etwas Halbes, da springe ich lieber selber über die Klinge.

Es ist, wie es ist

Es scheint so, dass ich mich meinem Schicksal beugen muss und mein Leben so weitergeht wie bis anhin. Es ist ja wirklich nicht so schlecht, und alles haben kann man ja offenbar nicht. Wenn sich die Stimmung zwischen meinem Mann und mir wieder einigermassen normalisiert, dann lässt es sich bestimmt so weiterleben.

Aber: Man kann es ganz leise hören, ein kleines Knabbern, beinahe ein Nagen. Es ist mein Kummer, der mich aufzufressen versucht. Es ist schlimm, mein gebrochenes Herz meldet sich beinahe täglich bei mir und schreit. Es schreit dermassen laut, dass ich es an manchen Tagen kaum aushalte – ein Glück, dass ich auf dem linken Ohr nicht so gut höre, sonst wäre das Ganze ja noch viel lauter! Mir erscheint alles so aussichtslos. Nichts macht mehr Sinn, schon gar nicht mein Leben! Ich suhle mich

förmlich in Selbstmitleid. Wenn ich mich von aussen sehen könnte, würde ich mich garantiert schütteln und mir mal so richtig gehörig die Meinung geigen, so von wegen sich so fallen lassen ... Dumm ist nur, dass ich, egal wie ich es anstelle, mich nicht von aussen sehen kann. Ich bin schon aus dem Haus geflitzt, um mich von aussen zu sehen, und wo war ich? Keine Ahnung, auf jeden Fall nicht drinnen.
Es geht einfach nicht. Und überhaupt, ich will auch gar nicht. Bestimmt gibt es auf der ganzen grossen Erde keinen ärmeren Menschen, als ich es bin. Echt Kacke!
Mal wieder zieht mich dieser doofe Computer magisch an. Was willst du denn schon wieder?
«Komm, mach mich an.»
Na super, jetzt will dieses Stück Materie auch noch angemacht werden, reicht denn nicht mein Schaf, um Himmels willen!
«Nun mach schon!»
Stress mich nicht, echt, und schau mich nicht so an mit deiner brotkrümelverdreckten Tastatur!
«Du willst es doch auch, ich weiss das ganz genau.»
«Ach, du weisst das, du weisst das???? Weisst du, was ich weiss?» Ich weiss jetzt, warum es «der» Computer heisst und nicht «die» Computer.
«Was weisst du denn schon, was ich will?»
Warum denkt überhaupt immer jeder, er wisse, was ich will?! Ich weiss es selber nicht, aber ihr wisst, was ich will, na bravo, ihr seid echte Helden! Trotz der tragischen Gewissheit, dass ich mich schon mit meinem Computer streite, hat dieser Tag doch noch etwas Positives. Denn ich habe den Sieg über dieses viereckige, furchtbar nervige Ding davongetragen! Ich habe das Teil nicht eingeschaltet geschweige denn angemacht!

Ruf des Computers

Ich bin es leid, echt total leid, weiter von anderen rumkommandiert zu werden! Menschen oder auch Computer, die meinen zu wissen, was gut und was schlecht für mich ist, brauche ich nicht mehr, definitiv nicht! Tragisch eigentlich, dass es so viele Jahre gedauert hat, um diesem Scheiss-Spiel endlich ein Ende zu setzen. Ich lasse mir nicht mehr alles gefallen und vorschreiben. Es gibt Situationen, in denen ich wirklich schon recht gut bin und einfach mal NEIN sage.
Einfach NEIN, ohne mich gross zu rechtfertigen. Klar, meist habe ich danach ein schlechtes Gewissen, aber das muss ja niemand erfahren. Und wenn ich schön weiter übe, bekomme ich das ja hoffentlich eines Tages auch noch in den Griff. Und du, liebe Leserin, lieber Leser, sagst es auch niemandem weiter, okay?!
Meine Freunde – oder vielleicht besser: meine «Sklaventreiber» – akzeptieren nicht alle mein neues, stärkeres Ich. Einige drehen mir den Rücken zu, ziehen sich zurück. Anscheinend ist mein «Ungehorsam» nicht tragbar für sie. Schade, wie sehr ich mich in manchen Menschen getäuscht habe. Kaum lebe ich etwas selbstbestimmter, lassen sie mich fallen.
Ich jedoch fühle mich gut.
An manchen Tagen nicht, stimmt.
Manchmal macht mich das sehr traurig.
Aber mehrheitlich fühle ich mich gut.
Ich kann sogar zwischendurch so etwas wie Erleichterung spüren, dass diese dominanten Menschen nicht mehr zu meinem täglichen Leben gehören. Es tut so gut, selber entscheiden zu können!
Heute entscheide ich auch ganz eigenständig, meinen PC mal

wieder einzuschalten. Gut, ein wenig gewimmert hat er schon, er war schliesslich schon über 12 Stunden ausgeschaltet. Er schmollt noch immer vor sich hin, fleht mich jedoch nicht mehr an, ihn anzumachen. Es scheint so, als ob er kapiert hätte, wer im Büro der Chef ist.

Im Frauenchat hat mich beim letzten Mal eine Frau – oder besser gesagt: ein «Fortbewegungsmittel» namens «Pedalo» – angeschrieben. Wie kann man sich bloss so einen doofen doofen doofen Namen aussuchen. Diese Frau scheint noch verzweifelter und einfallsloser zu sein als ich!

Jaaaa, ich gebe es ja zu, den Frauenchat gibt es noch immer in meinem Leben. Was soll ich denn auch anderes tun, mir bereits eine Klosterkutte im Internet suchen oder was?

Nun gut, das Pedalo ist nett. Manchmal sogar mehr als nett. Sie, oder ES, steckt in derselben Lebenssituation wie ich. Ist verheiratet, hat drei Kinder – gut, genau dieselbe Lebenssituation wie ich hat sie nicht, ihre ist verschissener.

Es ist lustig und unterhaltsam, mit ihr zu schreiben. Das Absurdeste ist, dass wir uns beide einig sind, nicht hierher zu gehören.
Wir sind ja keine Lesben!
Und trotzdem sind wir hier ... Es tut gut, mit Pedalo zu schreiben. Ich habe irgendwie das Gefühl, sie schon länger zu kennen. Wir sitzen wirklich in vielerlei Dingen im selben Boot – oder im selben Pedalo von mir aus.
Pedalo möchte gerne ein Foto von mir sehen! Nein, echt, das geht nicht, tut mir leid. Ich stelle in diesen seltsamen Frauenchat ganz bestimmt kein Foto von mir. «Du kannst dir ein Bild von mir in Facebook ansehen», schlage ich ihr vor. Sie ist einverstanden und gibt mir ihren Namen an, damit ich ihr eine Freundschaftsanfrage senden kann. Die Nervosität steigt. Wie sieht wohl dieses hochinteressante «Fortbewegungsmittel» aus? Bin echt gespannt!
Sie hat sich mir zwar bereits etwas beschrieben, aber das heisst noch gar nichts, meine Fantasie geht deshalb gelegentlich etwas mit mir durch ...
Also, Namen eingeben, uuuuund Enter ...

ACH! DU! SCHEISSE!

Habe ich das jetzt laut gesagt? Meine Freundin spricht gelegentlich laut mit sich selbst. Sie hat mir erklärt, dass dieses seltsame Verhalten so ca. mit 40 Jahren losgehen würde.
Aber ich bin doch erst 36. Bin ich jetzt frühreif, oder ist das, was ich gesehen habe, wirklich so schlimm, dass es laut aus mir rausgesprudelt ist?! Also über meine Frühreife lässt sich bestimmt streiten.

Aber das Foto, das Foto geht nun gar nicht.
Wie kann sie sich bloss so falsch beschreiben? Da stimmt ja überhaupt nichts! Das Alter, die Grösse, die Haarfarbe, alles falsch! Bitte versteh mich nicht falsch, ich mache mir nicht viel aus Äusserlichkeiten, das kann man anhand meines Schafes schliesslich auch erkennen (ou, ich glaube, das war jetzt fies – sorry, wollte ich nicht ... ist aber so).
Ich meine nur, mich interessieren super perfekt aussehende Menschen nicht wirklich, die hat man sowieso nie für sich alleine, und ich bin in Sachen Beziehung (und Essen) der absolute Egoist, ich teile nicht – nie und nimmer!
Ich bin echt jemand, der auf die inneren Werte eines Menschen achtet! Aber das, das geht nun echt nicht! Vielleicht bei gelöschtem Licht? Nein, sorry, auch dann nicht! Ein Sack über dem Kopf müsste es schon sein, aber das wäre für sie bestimmt nicht sonderlich angenehm.
Ich bin sauer und geknickt zugleich. Warum hat sie das getan? Gut, vielleicht hätte ich an ihrer Stelle auch ein klein wenig mein Aussehen verschwiegen. Aber echt, ich bin trotzdem sauer! Wir haben so gute, interessante «Gespräche» miteinander geführt. Da hätte sie mir doch einfach mal sagen können, dass sie ein klein wenig scheisse aussieht, das wäre doch nicht so schlimm gewesen, aber nein. Wie soll ich ihr denn vertrauen können, wenn sie schon bei den Äusserlichkeiten lügt? Das ist wirklich schade! Es hätte eine tolle Freundschaft daraus entstehen können, mehr nicht, nein, sorry, schliesslich habe ich Licht bei mir zu Hause und eine helle Wohnung. Aber eine Freundschaft auf einer Lüge aufbauen, nein, das möchte ich echt nicht!
Seltsam, sie bestätigt meine Freundschaftsanfrage nicht. Kein

Wunder, bestimmt ist es ihr jetzt furchtbar peinlich, dass ihr kleines, hässliches Geheimnis aufgeflogen ist! Oder habe ich mein «Ach du Scheisse» doch so laut geschrien? Sind da irgendwie «Ach du Scheisse»-Schwingungen bei ihr angekommen? Ach Quatsch! Ich gehe dann mal zurück in diesen Frauenchat, vielleicht ist sie ja dort noch online und kann mir ihre extrem ehrlich beschriebene Schönheit erklären!
«Du hast keine Anfrage von mir erhalten?»
Aber ich habe dir doch geschrieben. Ich habe dich gesehen, schwarz auf weiss. Nein, sogar in Farbe – leider.
Dieses seltsame Pedalo scheint nichts von mir bekommen zu haben, jetzt lügt sie ja schon wieder ... So leicht kommt sie mir nicht davon. Also komm, dann drehen wir den Spiess doch einfach um, und du schickst mir eine Freundschaftsanfrage. Gesagt, getan, schon ist die Pedalo-Freundschaftsanfrage da.
Was ist denn das nun, hat sie aus lauter Scham jetzt noch schnell ihr Profilbild ausgetauscht? Auf diesem Foto ist ja eine ganz andere Person zu sehen.
Und was für eine! Was geht denn hier ab? Kann das tatsächlich sein, dass ich eine falsche Frau mit gleichem Namen angeschrieben habe?! Das gibt's ja nicht, das gibt's ja gar nicht, das ist ja genial! Ein riesiger Stein fällt mir vom Herzen, und gleichzeitig schiesst mir die Röte ins Gesicht. Ich schäme mich! Achte ich tatsächlich mehr auf das Äussere, als ich mir eingestehe?! Bin ich so oberflächlich?
Ich denke zwar nicht, dass das was mit Oberflächlichkeit zu tun hat – diese erste Frau war einfach nur hässlich, Punkt. Wer bitteschön würde da nicht auch erschrecken?! Nein, echt jetzt, du kannst gut Moralapostel spielen, du hast sie ja nicht gesehen. Kann ich denn was dafür, dass sie nicht so attraktiver geraten ist?

Ein wenig hast du mir ja schon ins Gewissen geredet, denn kurze Zeit später meldet sich mein schlechtes Gewissen – doch beim Anblick dieser umwerfend gut aussehenden Frau, die ich jetzt auf dem Bildschirm sehe, ist das gleich wieder Vergangenheit. Hier frage ich mich nur, warum denn eine so wunderschöne Frau noch Single ist?!
Da muss ja wohl irgendwo ein Haken versteckt sein ... Du glaubst nicht, wie erleichtert ich bin, wie unglaublich erleichtert ich bin, dass dieser hässliche Vogel von vorhin nicht mein Pedalo war!
Neugierig, wie ich bin, schaue ich mir natürlich gleich auch noch alle anderen Fotos an, die sie in ihren Alben hat. Sie ist echt eine schöne Frau, wirkt sehr sportlich, was mir ehrlich gesagt mehr Angst macht als mich erfreut, ich bekomme nämlich schon Muskelkater, wenn ich Eurosport schaue, aber was soll's, sie ist wirklich, wirklich schön. Hoffentlich ist sie nicht eine dieser gestörten Marathonläuferinnen, Bergsteigerinnen oder Extrem-Läuferinnen. Gut, zur Not gibt es noch immer Bergseilbahnen und so ...
Oh, was ist das denn für ein Bild, hat sie da noch ihre Mutter abgelichtet, oder ist sie das selber? Seltsam, mal sieht sie sehr sportlich, modern, jung und absolut heiss aus, dann aber wieder wie eine Hauswirtschaftslehrerin, die am liebsten backt, bügelt und in Faltenjupes die Leute erschrecken geht. Welches Foto ist wohl das aktuellste? Hoffentlich das coole mit der genialen Frisur und nicht der «Betty-Bossi-Verschnitt». Egal, besser aussehen als die «Hübsche» von vorhin tut sie allemal – auch als Frau Hauswirtschaftslehrerin.
Wir schreiben uns praktisch täglich. Es kommt vor, dass ich regelrecht in Stress gerate, weil ich parallel mit vier Frauen

gleichzeitig chatte. Es macht wirklich Spass, sich so mit den Ladys auszutauschen, obschon mir bewusst ist, dass ich so meinem Problem nicht auf die Schliche komme.

Eigentlich mag ich es auch gar nicht mehr rausfinden. Ich habe mit meinen drei Blinddates ja meine Erfahrungen gemacht und rausgefunden, dass solche Internetbekanntschaften nicht das Wahre sind. Gute Freundschaften sind ja auch was Schönes. Mein Schicksal ist wohl einfach das Schafleben.

Schliesslich hat jeder sein Schicksal zu tragen. Die einen möchten gerne Kinder und kriegen keine, die anderen bekommen Kinder und wollen keine. Wieder andere sind traurige Singles, und ich bin nun halt eine Hirtin, was soll's. Vielleicht ist das mein Karma. Vielleicht habe ich in meinem früheren Leben Schäfchen nicht gut behandelt. Womöglich habe ich mich über Schafhirten lustig gemacht. Das habe ich nun davon …!

Pedalo möchte sich mit mir treffen, na, ich weiss nicht recht. Sie klingt wirklich interessant und schreibt total nett, aber sie deswegen gleich treffen? Mit einem Treffen kann man eine Internetfreundschaft im Nu zerstören. Bin ich bereit, das zu riskieren? Na gut, zu verlieren habe ich ja nichts … Ich lasse mich auch noch auf dieses vierte Date ein, aber danach ist Schluss, endgültig Schluss! Wenn auch das ein Reinfall wird, melde ich mich definitiv im Kloster an, ohne Schafe im Vorgarten, versteht sich!

Das vierte und endgültig letzte Date?

Heute ist es soweit, ich treffe mich gleich am Bahnhof mit dem verheirateten Mutter-Pedalo. Mein «Schaf» zu Hause habe ich eingeweiht, was ich tue. Ihm ist es egal, oder sogar recht, Hauptsache, er kann in Ruhe weiter Gras fressen!
Mein Gefühl sagt mir, dass er mich bzw. meine «Bin-ich-jetzt-eine-Lesbe?»-Suche belächelt. Ich bin es ja eigentlich seit Jahren gewohnt, dass er das tut, dass er mich schon immer belächelt hat, mich, das kleine, naive Dummchen. Nur diesmal stört es mich! Eine Freundin hat mir mal gesagt, dass er mich schon seit unserer Anfangszeit behandelt, als wäre ich sein drittes Kind. Ich glaube, mir ist erst jetzt bewusst, was sie damit gemeint hat.
Heute kann ich seine Überheblichkeit, seine Respektlosigkeit ganz stark spüren. Richtig traurig! So, jetzt vergesse ich mal für ein paar Minuten meine Ehesituation und fahre los Richtung Treffpunkt ...
Diesmal bin ich seltsamerweise nicht wirklich nervös. Ist es, weil ich bereits ein alter Blinddate-Hase bin oder eher, weil ich mir keine Hoffnungen mehr mache, DIE Frau kennenzulernen? Keine Ahnung, beides ist möglich. Am Morgen habe ich ihr auf Facebook geschrieben und sie gefragt: «Woran erkenne ich dich eigentlich?» Immer ein wenig mit der Angst im Nacken, dass die Worte «rote Rosen» fallen könnten ...
Meine Frage scheint mir berechtigt, schliesslich weiss ich ja nicht, ob ich gleich auf die attraktive, moderne Frau treffen werde, oder ob es dann doch die älter wirkende Dame mit den selbst gestrickten Ringelsocken werden wird! «Ich habe einen Rollkoffer bei mir, du wirst mich bestimmt erkennen», sagt sie.

Das ist ja mal ein seltsames Geschenk, aber immer noch besser als rote Rosen! Da bin ich mal gespannt ...
Der Zug fährt ein und die Spannung steigt, aber nur ein wenig. Riecht es schon nach Keksen oder selber gemachter Seife auf dem Perron? Oder doch vielleicht eher nach einem sanften, gut duftenden Parfum? Ich hoffe doch schon ganz fest auf Letzteres. Dort vorne, weit vorne, kommt eine Person mit einem kleinen Rollkoffer in meine Richtung.
Sie kommt näher.
Sie strahlt.
Wow, sie ist so – wow!
So eine schöne Frau!
Warum um Himmels willen nennt sie sich Pedalo?
Sie ist weder breit, noch ist sie zum Treten, sie ist einfach nur wunderschön. Betty Bossi ist zu Hause geblieben, vor mir steht DIE Frau schlechthin! Ich bin nervös, mein Blut strömt wie verrückt durch meine Adern, das Wellenbad in sämtlichen Badeanstalten ist ein Ponyhof dagegen.

Atmen nicht vergessen, schön langsam einatmen, dann wieder ausatmen, und gleich nochmal von vorne, einatmen und ausatmen. Ich muss mir eine Notiz schreiben, damit ich das Weiteratmen nicht vergesse. Ein und aus, ein und aus ...
Wie selbstverständlich umarmen wir uns bei der Begrüssung. Zwischen uns ist eine Vertrautheit, wie ich sie noch nie zuvor erlebt habe. Es ist, als würden wir uns schon lange kennen, als hätten wir uns nach einer Ewigkeit wiedergefunden, endlich!
«Einatmen und ausatmen» ...
Wir gehen einen «einatmen und ausatmen», Kaffee trinken.
Die Nervosität löst sich allmählich – sie hat so wunderschöne, blaue Augen.
Wir quatschen über Gott und die Welt, so, als hätten wir uns erst noch am Telefon gesprochen. Seltsam, diese Vertrautheit. Nein, nicht seltsam, wunderschön. Leider vergeht die Zeit viel zu schnell, ich muss nach Hause, Mittagessen kochen für meine Kinder. Wir sind uns einig, wir wollen uns wieder sehen, unbedingt! Gleich für den übernächsten Tag verabreden wir uns wieder, diesmal aber zum Abendessen.
Ich begleite sie noch zum Bahnhof. Mein wallendes Blut meldet sich wieder. Wie wird sie sich wohl von mir verabschieden? Der Zug fährt ein. Sie will mich küssen, ich spüre das, ich spüre es ganz genau. Was tut sie? Sie umarmt mich ganz fest. Ich möchte sie gar nicht wieder loslassen, was ist nur mit mir los, was passiert da gerade mit mir?! Dann steigt sie ein – und weg ist sie.
Jetzt aber nichts wie ab nach Hause, es reicht wohl bloss noch für ein paar Spiegeleier ... Ist dieses Ei heute nicht einzigartig? Dieses Gelb, dieses strahlende Sonnengelb, ist es nicht wunderschön? Und dieses Brot, noch nie zuvor habe ich ein solch

wundervolles Stück Brot gesehen. So kross, so braun, so knackig, so gut gebaut, ich meine: gut gebacken! Ein Traum! Essen, nein, ich mag nichts essen … Die Stunden sind unendlich, ich kann gar nichts anderes mehr tun, als an sie zu denken! Gefühlte 8762 Mal schaue ich auf mein Handy, es ist immer noch Dienstag, Herrgott, das kann doch nicht sein!

Donnerstagmorgen

Ich hab's geschafft! Ich habe tatsächlich überlebt! Ich bin doch nicht an meiner verzweifelten Warterei gestorben! Was genau steht, ausser auf die Uhr zu starren, heute noch auf meinem Programm? Arbeiten, gut, Gott sei Dank gibt es Arbeit!
Ab ins Café und mich von den Gästen vollquasseln lassen. Oh, der «Latte-Macchiato-Mann» kommt um die Ecke, ich drücke schon mal den Knopf an der Kaffeemaschine. Guten Morgen, der «Latte» kommt sofort. Wie, keinen «Latte», du trinkst doch immer einen «Latte»?! Du hast eine Laktoseintoleranz, willst du mich verscheissern? Seit wann das denn? Gestern hatte der noch keine Allergie, und jetzt will der mir weismachen, dass er, seit er ein kleiner Junge ist, Allergiker ist, so ein Quatsch ... Bezahlen, ihr möchtet bezahlen, das macht dann 7.80 ... Aha, nicht bezahlen, bestellen, auch gut. Was ist denn heute mit meinen Gästen los, spinnen jetzt alle?!
Bin ich froh, kommt mich meine Chefin endlich ablösen, das ist ja kein Arbeiten mit so schrägen Gästen. Haben wir heute den 1. April, oder was ist los? Ich finde eine solche Verarsche auf jeden Fall nicht lustig! Ich finde es heute sowieso und überhaupt kein bisschen lustig.
Warum? Warum, willst du wissen? Na, weil ich nichts anzuziehen habe! Der heutige Abend entscheidet womöglich über mein weiteres Leben, und ich habe nichts anzuziehen! Soll ich mir noch was Schickes kaufen? Kann gefährlich enden, denn wie ich mich kenne, vergesse ich bestimmt, das Preisschild zu entfernen, und mache mich so vor meinem Pedalo doch zum kompletten Affen! Das will ich nicht!
Aber was soll ich denn tun, nackt kann ich ja wohl schlecht zu

diesem Treffen gehen. Oder doch? Hauptsache, ich kreuze auf, oder nicht?!
Scheisse!
Gut, jetzt fahre ich erst mal nach Hause und versuche mich zu beruhigen. In meinem Kleiderschrank finde ich tatsächlich nichts! Für jede Frau ist etwas dabei. Stücke für Frauen mit Ärschen in Grösse 40, Kleider in Mini-Grösse 32, ausgelatschte, ausgebeulte Pyjamas für zwei Personen, altmodische Jeans, poplige, zu enge Blusen. Jede würde etwas finden, nur ich nicht! Das Schönste, was ich zu bieten habe, ist mein wunderschöner, seidener, oranger Bettbezug. Kann ich das tun? Soll ich mir den um meine Hüften wickeln?! Sehe ich dann nicht aus wie ein buddhistischer Mönch – oder eher wie ein Mandarinchen?! Warum habe ich nicht alles in einer einheitlichen Grösse? Warum bin ich nur immer wieder fett, dann wieder dünn, aber nie normal?! Gut, so habe ich eine ganze Palette an Kleidern, zumindest in diversen Grössen, nicht aber in diversen Styles. Was soll ich nur tun????
Vielleicht ist es Pedalo ja auch egal, was ich trage. Die Jahreszeit spricht wenigstens noch ein bisschen für mich. Gut, ist es im Frühling abends noch nicht so lange hell. Wenn ich Glück habe, gibt es im Restaurant ja bloss Kerzen – dunkle Kerzen. Oder noch besser, ich könnte ja einen Stromausfall auslösen – irgendwie.
Was soll's, ich gehe heute Abend ganz einfach in Jeans und Bluse. Schliesslich muss sie sich an solch einen Anblick gewöhnen, denn wenn das wirklich was geben könnte mit uns, bleibt ihr früher oder später der Anblick einer Frau in einem sexy ausgeleierten, verbleichten, viel zu grossen Pyjama eh nicht erspart. So hat sie schon mal einen Vorgeschmack auf ihre zukünftigen «Bilder».

Mein «Schaf» ist selbstverständlich auch diesmal über mein Vorhaben eingeweiht. Ich finde sein Verhalten schon seltsam. Kein Blöken, keine Widerworte, keine Bemerkung, dass ich das doch lassen solle. Nein, im Gegenteil. Er wünscht mir viel Spass und einen wunderschönen Abend! Hat der einen Knall?! Was ist das denn?!

Denkt er noch immer, dass ich das Ganze nicht ernst meine, dass es eine spätpubertäre Phase sei?! Oder ist er womöglich froh, weil er bereits eine andere Hirtin am Start hat?! Bin ich ihm so unwichtig?! Ist ihm unsere Ehe so egal?! Ich verstehe das nicht! Ich verstehe das wirklich nicht, aber sein Verhalten sagt für mich schon sehr viel aus! Was soll's, jetzt geht es einfach mal nur um mich!

Wieder treffen wir uns am selben Bahnhof wie schon beim ersten Mal. Seltsam, heute ist die Autobahnstrecke viel länger! Haben die über Nacht angebaut? Kann schon sein, schliesslich ist hier schon seit Jahren eine Dauerbaustelle. Endlich die Ausfahrt! Bin ich schon in Österreich? Scheisse, bestimmt, so lange, wie das jetzt gedauert hat!

Tief einatmen, ausatmen, einatmen, ausatmen ... Die Extra-Portion Sauerstoff bekommt meinem Hirn gut. Ich erkenne sogar, dass ich am richtigen Ort angekommen bin. Welch ein Glück. Jetzt aber nix wie los zum Bahnhof. Ich bin nervös, extrem nervös! Wie soll ich sie denn nur begrüssen?

Mit einem Lächeln? Einem Kuss? Ich bin heute sogar im Stande, mit roten Rosen auf mein Date zu warten!

Mit einem Antrag? Da, sie kommt!

So wunderschön und strahlend wie zwei Tage zuvor. Kann mich mal einer kneifen? Bin ich am Träumen, oder passiert das jetzt alles wirklich?!

Sie ist da – mit einer herzlichen, warmen und liebevollen Umarmung beginnt unser Abend. Auf dem Weg zum Restaurant muss ich sie immer wieder anschauen. Jedes Mal, wenn sich unsere Blicke kreuzen, kribbelt es in meinem ganzen Körper. Das letzte Mal, als ich so etwas erlebt habe, war im Kindergarten, als mein Schatz – er wusste nicht, dass er mein Schatz war – und ich uns für die gleiche Spielecke entschieden und sich unsere Blicke kreuzten. Er war der schönste Junge, den es auf diesem Planeten gab. Er war lieb, witzig – und eben wunderschön. Für mich gab es kein grösseres Glück auf Erden, als mit ihm zusammen die Puppenecke mit Holzklötzen zu bombardieren. Es war so romantisch. Jetzt bin ich abgeschweift, sorry ...
Angekommen im Restaurant, merke ich leider, dass ich keinen Kurzschluss auslösen kann!
Immerhin sind Kerzen auf dem Tisch. Normale Kerzen, auch wenn ich lieber dunkle gehabt hätte! Studieren bringt jetzt nichts mehr, ich kann mich ja schlecht irgendwo umziehen gehen. Womit auch, den Bettbezug habe ich zu Hause gelassen.
Wir haben sofort wieder die wundervollsten Gesprächsthemen. Es ist schön, einfach nur schön. Wenn da nur nicht immer dieser Mann vorbeikommen und uns stören würde!
Immerzu will er etwas von uns wissen. Er stellt so seltsame Fragen wie: «Möchten Sie einen Aperitif?» Ja sind wir denn in einer Quizshow gelandet oder was?!
Aperitif, was ist das? Ich habe keine Zeit, seine seltsamen Fragen zu beantworten. Auch wenn ich Zeit hätte, ich will das jetzt nicht. Ich möchte mich voll und ganz auf mein wunderbar poliertes Pedalo einlassen.

So, er ist wieder weg, hat wohl endlich geschnallt, dass er stört. Diese wunderschöne Frau mir gegenüber fragt mich, ob wir einen Aperitif trinken möchten. Klar, sehr gerne. Sie entscheidet sich für einen Martini. Martini, da kann ich nicht mithalten, Martini mag ich nicht, erzähle ich ihr. Ich habe nämlich mal etwas zu viel von diesem Gesöff erwischt, so dass ich mir beinahe meine Gedärme aus dem Leib gekotzt hätte. Das habe ich ihr natürlich nicht erzählt, auf jeden Fall nicht mit dieser Wortwahl. Das möchte ich ihr unter keinen Umständen zumuten.
Obwohl: Dann würde sie auch gleich mein Innerstes kennenlernen. Nein, Quatsch, ich lasse es lieber und entscheide mich für einen Wodka Orange.
Schon wieder traut sich dieser nervige Mann an unseren Tisch. «Haben Sie sich schon für einen Aperitif entschieden?» Woher will dieser furchtbar ungehobelte, arrogante Typ eigentlich wissen, dass wir gerne einen Aperitif nehmen? Er hätte ja freundlicherweise auch erst mal danach fragen können! Nun gut, wenn er schon mal da ist, bestelle ich doch gleich zwei Martini.

«Was meinst du, Martini mag ich nicht?» Stimmt, wieso weisst du denn das, sieht man mir das etwa an? Seltsam, wie sich heute alle Leute benehmen!
Wenn ich mir nicht ganz sicher wäre, dass heute der 20. Mai ist, ich würde wetten, wir hätten den 1. April. Ist nicht tragisch, ich geniesse den Abend trotzdem in vollen Zügen.
Mit unserem Aperitif stossen wir an und sind jetzt vor die herausfordernde Aufgabe gestellt, etwas zu essen zu bestellen. Ich kann die Karte kaum lesen. Was sind denn das für Buchstaben? Bin ich doch zu weit gefahren, sind wir nicht mehr in der Schweiz? Ich verstehe das nicht. Ich lese und lese und weiss nicht, was ich gelesen habe. Glücklicherweise ergeht es nicht bloss mir so. Auch mein Pedalo ist verwirrt und kann diesen hochstehenden Text nicht richtig verstehen.
«Na, schon etwas ausgesucht?», höre ich diese unsympathische Stimme schon wieder an unserem Tisch.
«Ja, einen Duden», hätte ich am liebsten gesagt. Da kann man ja nichts verstehen, schreibt mal eine anständige Speisekarte.
«Nein, noch nicht, wir brauchen noch etwas Zeit», sagt mein wunderschönes Date.
Kaum bin ich wieder abgetaucht in ihre schönen, tiefblauen Augen, stört dieser Affe schon wieder! «Na, haben Sie jetzt etwas ausgesucht?» Was soll das, ist der eifersüchtig oder was? Warum kommt der ständig zu uns, hat der keine anderen Gäste? Himmel!! «Nein, noch immer nicht, entschuldigung, wir suchen aber gleich was aus.»
Grinsend stampft er davon. Was zum Geier ist das für ein Mensch? Kann man nicht mal in Ruhe aussuchen, was man essen will, ohne dermassen gestresst zu werden?!
«Ich glaube, wir müssen jetzt wirklich unser Menu wählen,

wir sitzen schon 45 Minuten am Tisch und wissen noch immer nicht, was wir bestellen sollen», sagt mein Pedalo zu mir. Ist sie überhaupt schon mein Pedalo? Egal, für mich ist sie mein Pedalo, sie muss es ja nicht wissen!
Und, was, eine Dreiviertelstunde brüten wir jetzt schon über dieser Speisekarte, nur um eine lächerliche, normale Pizza zu bestellen?! Dieser Tag ist echt seltsam, jetzt hat es sogar auch mich erwischt, und ich verhalte mich genauso daneben wie meine Gäste heute Morgen!
Okay, dann bestellen wir eben so einen Teigfladen. Glücklicherweise weiss ich auswendig, was es in etwa so für Pizzas gibt, wenn ich schon diese behämmerte Karte nicht lesen kann. Geschafft, nach gut einer Stunde steht nun unser Nachtessen vor unserer Nase. Eigentlich habe ich gar keinen Hunger.
Du musst wissen: Wenn ich nervös bin, wenn es mir schlecht geht, und erst recht, wenn ich verliebt bin oder sonst irgendwie neben mir stehe, kriege ich keinen Bissen runter. Das erklärt auch, warum ich diverse Kleidergrössen in meinem Schrank habe. In der Phase der Kleidergrösse Dickarsch ging es mir gut, da mochte ich futtern. Bei der Minigrösse 32 steckte ich in einer meiner vielen Lebenskrisen und konnte nichts essen. So ging das immer mal wieder wie auf einer Achterbahn rauf und runter. Heute ist mal wieder so ein Tag – oder eigentlich: Abend –, ich kann nichts essen.
Warum nur, bin ich nervös? Nein, nicht mehr. Geht es mir schlecht? Nein, das wüsste ich also.
Ah, dann stehe ich wohl heute einfach irgendwie neben mir, ist ja auch klar an so einem schrägen Tag! Das hat bestimmt mit der Luftverschmutzung zu tun oder mit dem Vollmond.
Früher, als ich klein war, war es bei mir immer der Wind. Wenn

ich irgendeinen Scheiss gebaut hatte und mich meine Mutter fragte, ob ich das gewesen sei, antwortete ich immer: «Nein, das war der Wind.» Der Wind war einer meiner besten Freunde, nicht EINMAL hat er mich verraten!
Da es heute recht windstill ist, vor allem im Restaurant, wird ganz bestimmt der Vollmond an meinem seltsamen Verhalten schuld sein.
Klar! Ist dir eigentlich bewusst, was für eine Macht der Vollmond auf uns ausübt? Man sieht es nicht nur anhand von Ebbe und Flut. Als das Wasser und all die Lebensmittel noch nicht so mit Hormonen vollgepumpt waren, hatten alle Frauen zur selben Zeit ihre Menstruation. Und wisst ihr warum? Wegen dem Vollmond. Echt, ist kein Scherz! Heute, wo unser Abwasser so verdreckt, voll von Hormonen ist (unter anderem von der Anti-Baby-Pille), ist das nicht mehr so. Man kann diese Auswirkung des «veröstrogenten» Wassers auch bei Fischen erkennen: Es gibt bei weitem nicht mehr so viele männliche Fische wie früher, und wenn, dann sind sie höchstwahrscheinlich schwul. Tragisch, nicht?! Gut, für unsere Männer ist es bestimmt nur von Vorteil. Stell dir mal einen Mann vor in dem Moment, wo nicht nur seine Frau ihre PMS-Attacke hat (für die Männer: Prämenstruelles Syndrom, Monatsbeschwerden der Frau), sondern gleichzeitig auch seine Tochter, seine verbitterte Nachbarin und seine Schwiegermutter!
Da muss ich jetzt ganz ehrlich eingestehen, das war bestimmt ganz furchtbar für unsere armen männlichen Wesen. Einmal im Monat der Ausnahmezustand!
Einmal im Monat ein Massenbesäufnis unserer maskulinen Geschöpfe – wohl verständlich –: Prost!
Wo waren wir noch gleich, ach ja, beim Hunger. Oder eben beim

Nicht-Hunger. Irgendwie schaffen wir es und kriegen unsere Bissen, einen nach dem anderen, runter. Mir fällt auf, dass auch mein Pedalo nicht gerade vor dem Hungertod gestanden hat. Wir beide müssen nach einer halb aufgegessenen Pizza kapitulieren. Da dieser lästige Kellner uns auch noch nach dem Essen zigmal nervt, ja beinahe nötigt mit seiner Neugierde, beschliessen wir das Restaurant zu verlassen.
Trinkgeld – kannst du knicken. Lern erst mal anständig und nicht so fordernd zu deinen Gästen zu sein!
Und jetzt? «Lass uns doch ein wenig spazieren gehen», schlägt eine von uns beiden vor. Ich weiss nicht mehr, wer von uns beiden es war, aber es war sicher nicht ich. Trotz meiner abhandengekommenen Fitness finde ich die Idee gut, sogar sehr gut! Gleich hinter der Pizzeria befindet sich ein kleiner künstlicher See.
Es ist schon sehr dunkel und für diese Jahreszeit viel zu kalt. Es nieselt und ist extrem ungemütlich draussen, aber das stört uns nicht wirklich. Eigentlich ist es sogar gut, dass es nieselt. So hakt sich mein Pedalo bei mir ein, um unter meinem Schirm Schutz zu suchen.
Wir schlendern also ganz gemütlich (und halb erfroren) um den besagten kleinen See. Ich geniesse ihre Wärme an meiner Seite, so spüre ich, dass ich doch noch lebe und noch nicht dem Erfrierungstod erlegen bin. Eigentlich ist dieser See kein See, sondern eher ein Teich, wenn nicht sogar eine Pfütze. Er ist extrem klein, so dass wir ihn innert kürzester Zeit schon umrundet haben.
Ein wunderschöner Torbogen liegt direkt vor uns. Gut, wunderschön ist was anderes, aber für uns ist er DER Torbogen schlechthin. Wir stellen uns darunter, um vor dem stärker wer-

denden Regen Schutz zu suchen.
Und jetzt?, schreit es in meinem Kopf!
«Mach was!»
«Los!»
Mein Herz pocht wie verrückt. Warum nur? Wir haben uns ja nicht um die Monsterpfütze gejagt, auch haben wir nicht Fangen gespielt. Wir sind einfach bloss gemütlich spaziert. Ist das ein nahender Herzinfarkt? Mein Grossvater mütterlicherseits hatte mehrere davon. Bin ich jetzt die Nächste? Bitte nicht! Nicht jetzt! Von mir aus, wenn ich am Bügeln bin, aber bitte bitte nicht jetzt! So ein Herzkasperl würde ja die ganze romantische Atmosphäre zerstören.
Jedes Mal, wenn mich mein Pedalo anschaut, mir ganz tief in die Augen schaut, klopft mein Herz noch schneller. Ob sie es wohl sehen kann? Was ist, wenn sie die Ambulanz ruft? Du musst wissen, sie ist Krankenschwester. Ich darf mir gar nicht ausmalen, was das für eine Rechnung geben würde!
Schon einmal hat jemand die Ambulanz für mich gerufen, obschon ich ihn nicht darum gebeten hatte – ich hatte ja bloss einen klitzekleinen Motorradunfall gehabt. Und die Kosten danach waren horrend hoch, so als wäre es ein Massencrash gewesen … Dann folgt die Einweisung in das Spital, sinniere ich weiter. Und dort untersuchen sie mich sicher auf Herz und Nieren und behalten mich gleich für mehrere Wochen dort.
Ich will das nicht! Ich hasse Krankenhäuser, und auch Ärzte mag ich nicht! Wie die nur schon rumflattern in ihren weissen Kitteln. Können die denn nicht ganz normal gehen, so wie jeder andere, normale Mensch auch? Nein, wehen muss es, schwingen und flattern! Die kommen das nächste Mal besser als Schwäne zur Welt! Die meinen immer zu wissen, wie es den

Patienten geht. Nein, eigentlich wissen sie gar nichts. Die fragen ja immer uns! Was haben Sie? Na, woher soll ich denn das wissen, bin ich hier der Flattermann oder Sie?! Ah doch, etwas wissen sie. Neeeeein, nicht, wie sie den Blutfleck von ihrer schneeweissen Flatterschürze wieder wegkriegen oder so, dafür sind doch dann die «Hirtinnen» zuständig. Aber sie wissen, wohin sie ihre dicke, saftige Rechnung schicken müssen. IHRE Rechnung, dabei sind wir es doch, die ihnen sagen, was uns fehlt. Wir müssten Rechnungen schreiben dürfen! Wir und sämtliche «Hirtinnen» aller Flattervögel! Okay, ich höre auf, du hast gemerkt, dass ich diese weissen, sauberen, auch so reinen, klugen, übelst unleserlichschreibenden, weissen Gestalten nicht leiden kann! Und dann erst die Krankenhäuser! Das Wort alleine sagt es ja schon! Krankenhäuser! Warum nicht Gesundheitshäuser? Wie bitteschön kann man in einem Krankenhaus wieder gesund werden?!
Das geht ja gar nicht! Überleg mal, wie soll das denn auch gehen, umzingelt von lauter gestressten, flatternden, weissen Möchtegern-Schwänen?
Und die Betten erst, diese kleinen, schmalen, widerspenstigen Betten. Einmal, es war nach der Geburt meines Sohnes, stiess mich so ein fieses Teil sogar von der Matratze. Raus, rums, runter auf den Boden! Den Infusionsständer auf der linken Seite des Bettes, und raus-«gefallen» auf die rechte Seite! Wer zum Henker ist auch auf die irrsinnige Idee gekommen, bloss 90 Zentimeter schmale Betten in diese Schei...-Krankenhäuser zu stellen?! Bestimmt waren das Ärzte, die das entschieden haben, damit sie besser um die Betten flattern können, engere Kurven schneiden und so – bessere Flugschneisen halt!
Ich will nicht ins Krankenhaus! Das Wort sagt es ja schon,

krank! Ich bin nicht krank, ich habe bloss irgendwie Herzrhythmusstörungen oder so. Und überhaupt, wer kocht denn das Mittagessen für meine Kinder?!
Das geht nicht, ich habe keine Zeit für eine Einweisung. Soll ich ihr sagen, dass sie das mit der Ambulanz besser lassen soll?! Oder könnte sie dann annehmen, dass ich sehr stur und uneinsichtig bin? Ich möchte nicht, dass sie einen falschen Eindruck von mir bekommt!
Da tönt es auf einmal... «Was hast du, ist alles in Ordnung?»
Sie holt mich abrupt aus meiner Gedankenwelt raus. Jetzt bloss nicht hyperventilieren! Sie hat es bemerkt, «shit». Wenn sie mir jetzt den Puls misst, dann bin ich weg...
«Bist du aufgeregt»?
Okay, vielleicht hat sie es doch nicht bemerkt. Gut, ist sie schon lange weg von ihrem Beruf und arbeitet jetzt im Büro, sonst hätte sie mir bestimmt direkt erste Hilfe angeboten!
«Ja! Alles in Ordnung», gebe ich ihr zur Antwort.
Ich bitte sie wegzuschauen, mich nicht so intensiv anzusehen. Ich ertrage ihre tiefen Blicke kaum. Ich kriege weiche Knie. Super, Herzprobleme und jetzt auch noch Knieprobleme, das sind bestimmt noch Spätfolgen meines Motorradunfalles. Siehst du, Scheiss-Ärzte kriegen nichts richtig hin, haben mein Knie operiert und doch hält es nicht!
«Was soll ich denn tun, etwa mich umdrehen?», fragt sie mich etwas verwirrt.
Sie versteht schnell und wendet sich ab. Allmählich stehe ich wieder etwas stabiler da.
Mein Gott, bin ich erleichtert! Nur, so passt es irgendwie auch nicht. Jetzt steht sie mir zu weit weg. Es muss für Aussenstehende absolut dämlich aussehen, wie wir nun unter diesem

schützenden Torbogen stehen. Wie eine angefangene und doch schlussendlich abgekackte Polonäse!
Mann, wenn ich nur endlich weiss, was ich will ... Ich halte sie fest. Ganz sanft und schüchtern lege ich meine Arme um ihren Oberkörper und ziehe sie langsam an mich heran, so dass ich ihren Rücken an meinem Körper spüren kann.
Eine wohlige Wärme strömt durch mich hindurch.
Nein, keine Wallungen, keine weiteren Krankheitssymptome, einfach bloss eine angenehme, wunderbare Wärme. Pedalo hält mich an den Armen fest und atmet tief ein.
Ich kann nicht anders und küsse ganz sanft ihren Nacken. Auf den Zehenspitzen, diese Frau ist einfach zu gross. Sie dreht sich um und ....

Feuerwerk, Engelsgesang, Weihnachten, Ostern und Geburtstag zusammen!

Himmlisch, dieser Kuss (kitschig, ja, ich weiss), einfach nur himmlisch!

Nein, himmlisch reicht nicht.
Nie im Leben reicht himmlisch!
Ich finde keine Worte, sorry.
Ich vergesse die Welt um mich herum. Die Welt, was ist das überhaupt? Ist mir egal, ich bin im siebten Himmel. Mich hat's erwischt, aber sowas von!

Eigentlich möchte ich hier nun gar nicht tiefer auf meine Geschichte eingehen, denn gerne möchte ich mir ein wenig Privatsphäre bewahren, auch wenn es nicht mehr viel ist.

Ich liebe diese Frau, das ist klar, nun folgt der unausweichlich nächste Schritt.

Coming-out

Eigentlich finde ich ein Coming-out absolut schwachsinnig. Von niemand sonst wird so etwas verlangt. Kein «Heti» muss sich outen, wenn er auf das andere Geschlecht steht. Kein Perversling outet sich, wenn er auf Kinder, Tiere oder sonst was Abartiges steht! Ist das denn normaler, als wenn jemand einen Menschen des gleichen Geschlechts liebt? Niemand muss sich outen, wenn er seine Frau schlägt, seine Kinder vernachlässigt oder ins Puff geht – alles normal und legitim.
Wenn jedoch eine Frau eine Frau liebt oder ein Mann einen Mann, dann ist das ja schon sehr abnormal und seltsam. Nicht selten hört man Aussagen wie: «Das ist bestimmt nur eine Phase, das geht wieder vorbei.»
Ist denn die Liebe nicht das höchste Gut? Wenn meine Liebe zu dieser Frau eine Phase sein soll, dann soll diese Phase niemals enden – dann wird diese Phase niemals enden, sie wird als die längste Phase in die Menschheitsgeschichte eingehen.
Wacht auf da draussen, all ihr spiessigen, hinterwäldlerischen Ignoranten, die ihr meint, bewerten und beurteilen zu können, was richtig und was falsch ist!
Zu lieben, die Liebe, ist das Schönste, was es gibt. Liebe ist niemals falsch! Wir verlieben uns in die Seele eines Menschen, in seine Art, und doch nicht bloss in seinen Körper, Himmel nochmal!
Da kommt mir das Kotzen, echt – oder es kommt mir mein lieber Onkel in den Sinn …

Mein lieber Onkel

Eigentlich mochte ich meinen Onkel recht gut. Als Kind war ich immer mal wieder bei ihm in den Ferien. Die immense Gesichtsbehaarung meines Onkels und seine tiefe Stimme jagten mir zwar Angst ein – vor allem dann, wenn er meine Cousine und meinen Cousin anschrie, sie sollten leise sein, weil er sein Mittagsnickerchen (auf dem Stubenboden, wohlverstanden) abhalten wollte.
Mittagsschlaf auf dem Stubenboden?! Nein, nein, es war nicht so, dass er kein Bett oder keine Couch gehabt hätte. Es musste halt einfach der Boden sein – ist so, Ende der Diskussion! Als Bodenschläfer geoutet hat er sich übrigens nie – krass, nicht?! Vielleicht hatte er Angst davor, verstossen zu werden. Vielleicht hätte ihn sonst ja jemand therapieren oder ihm ein Kräutchen verabreichen wollen, damit diese Bodenschlaf-Phase wieder vorübergeht. Allem Anschein nach wollte er einfach kein normales «Schlaf-Leben» wie alle Anderen führen. Und das wählte er wohlverstanden freiwillig so.
Für uns hiess es dann jeweils für eine Stunde: Schnauze halten! Ich war still! Ich war sowas von still. Ich hatte wirklich Angst, dass er ausflippen und uns fressen könnte, echt!
Okay, gefressen hat er uns nie ... Wird auch nicht mehr passieren, schliesslich bin ich nun schon seit x Jahren mit dem Homo-Virus infiziert, und ich war seither nie wieder bei ihm (unfreiwillig!)!!
Wenn ich meinen Onkel heute sehe bzw. mir sein Verhalten und seine Einstellung bewusst mache, vergesse ich immer wieder, welches Jahr wir eigentlich schreiben. Sind wir jetzt im Mittelalter oder noch in der Steinzeit? Ich habe echt ein ewiges

Durcheinander! Eigentlich ist ja alles recht modern bei uns, das müsste, wenn mich nicht alles täuscht, sogar so für das einundzwanzigste Jahrhundert sprechen. Wenn mein Onkel aber an irgendeinem Familienanlass mit dabei ist, bin ich mir echt nicht mehr so sicher ...
Ich glaube, mein Onkel ist der älteste Mensch hier auf Erden, was ich irgendwie total cool finde.

Er hat sich extrem gut gehalten, man sieht ihm sein horrendes Alter absolut nicht an. Das sage ich jetzt nicht nur, weil er mit mir verwandt ist, er sieht echt um hunderte von Jahren jünger aus, als sein Denken tatsächlich ist.
Eigentlich hätte er einen Eintrag ins Guinness-Buch der Rekorde verdient! Bestimmt lebte er früher in einer Höhle, nicht sehr gross, aber trotzdem geschmackvoll eingerichtet, und hatte sicher keine Couch.

An den Wänden hingen Felle von seinen selber erlegten Tieren.
Es waren ausschliesslich weibliche Tierfelle, die da seine Höhle
zierten. Du musst wissen, mit männlichen Kreaturen jeglicher
Art hatte er nichts zu tun. Weisst du, warum nicht? Vor denen
hatte er Angst!
Nein, nicht etwa, weil sie so gross und stark waren, sondern
weil sie männlich waren. Das war früher ganz schrecklich, also
für ihn! Die männlichen Lebewesen waren einfach unheimlich für ihn. Ein männliches Tier und ein männlicher Mensch
zusammen, das ging gerade noch so einigermassen, war aber
auch schon gefährlich. Aber ein Menschen-Männchen und ein
Menschen-Männchen zusammen ging gar nicht, also für ihn.
Das war das Allerletzte, das war abartig und krank!
Deshalb hatten auch sehr viele Leute Angst vor der Ansteckungsgefahr (also er). Diese sogenannte Homo-Krankheit
zwischen gleichgeschlechtlichen Individuen schlug immer mal
wieder zu.
Brutal, gnadenlos und meist ohne Vorankündigung!
Es gab Menschen, kleine, ganz kleine, unschuldige Menschen,
die schon infiziert waren, als sie auf die Welt kamen! Das muss
man sich mal vorstellen! Die hatten keine Chance! Nichts getan, absolut unschuldig! Ein schreckliches Schicksal!
Kaum geboren, schon den schwul-lesbischen Krankheitserreger in sich! Ist schon krass! Wo bleibt da die Gerechtigkeit?!
Ist das Karma, oder was soll der Scheiss? Wenn man so aufwachsen muss, immer mit der Panik im Genick, dass es einen
selber oder die Familie treffen könnte, kann ich die abgrundtiefe Angst meines Onkels natürlich schon ein wenig verstehen!
Stell dir vor, du gehst am Abend nichts ahnend aus dem Haus,
möchtest bloss ein paar Bierchen hinter die Kiemen kippen,

und dann passiert es.
Es sitzt da! Ganz nahe! Das Schwulen-Virus sitzt gemütlich auf dem Barhocker neben dir! Keine zwei Meter Abstand!
Was jetzt? «Hat es mich nun auch erwischt?», fragst du dich dann bestimmt. Ist ja wahrhaft ein Horrorszenario, nicht?!
Ich finde es logisch, hat mein Onkel diese Panik noch immer, denn schliesslich konnte diese Krankheit bis heute nicht ausgerottet werden! Im Gegenteil, es scheint, als gäbe es je länger, je mehr Betroffene!
Mein Onkel tut mir wirklich sehr leid, weil er immer mit diesen Ängsten leben muss. Ich werde ihm wohl mal eine Tafel Schokolade schicken – der arme Mann!
Oder besser noch, ich gebe ihm die Adresse einer renommierten (nicht infizierten) Psychologin, eben Psychologin, weiblich, versteht sich!
Kein Wunder, ist es für ihn auch kaum auszuhalten, wenn er meine Partnerin und mich zusammen sehen muss, und das erst noch freilaufend anstatt in Quarantäne!
Darum kann ich natürlich sehr gut verstehen, dass sie und ich zusammen bei ihm zu Hause nicht erwünscht sind – Ansteckungsgefahr! Epidemiegefahr ...
Schliesslich weiss ja niemand, warum mich dieses Scheiss-Virus erwischt hat, denn früher war ich ja normal. Ich drücke meinem Onkel ganz fest die Daumen, dass seine Enkel verschont bleiben von diesem grausamen Virus!
Nein, jetzt mal ohne Quatsch. So viel Homophobie verpackt in einem einzelnen Menschen ist schon krass, echt! Keine Ahnung, was bei meinem Onkel kaputt ist, was da schiefgelaufen ist. Wenn er auch Menschen mobben und ausgrenzen würde, die lügen und betrügen, dann würde er wohl ganz alleine in sei-

nem Haus sitzen – nein, dann wäre ER noch nicht mal in seinem eigenen Haus erwünscht! Aber glücklicherweise hat er ja bloss ein Problem mit Schwulen und Lesben.
Im Grossen und Ganzen habe ich aber sehr gute Erfahrungen mit meiner Offenheit gemacht. Wahrscheinlich ist mein Onkel auch der einzige Überlebende aus der Steinzeit, er ist ja schon ein zäher Bursche, ich bin echt stolz auf ihn!
Aber eben, im Allgemeinen habe ich sogar extrem gute Erfahrungen gemacht.
Ich bin erstaunt, dass so gut wie alle locker mit dieser Tatsache, diesem neuen Wissen umgegangen sind. Die süsseste Reaktion bekam ich von meinem Sohn (er war damals 12 Jahre alt). Unter Tränen sagte er: «Mami, man kann sich doch nicht aussuchen, in wen man sich verliebt!» Ist das nicht der Wahnsinn!? Der kleine Kerl reagierte am erwachsensten von allen! Natürlich kannst du dir vorstellen, dass ich dann auch in Tränen ausbrach!
Bei den Männern fiel mir auf, dass die meisten allein schon den Gedanken «Frau mit Frau» reizvoll finden (diese Schweinekerle haben bestimmt gleich Bilder im Kopf). Aber auch Frauen verblüfften mich. Zwei oder drei meiner Freundinnen sagten sogar: «Das könnte ich mir also durchaus auch vorstellen.» Ich war schockiert darüber, dass niemand schockiert war! Es hätte ja sein können, dass noch weitere Leute die Steinzeit überlebt hätten, aber nö, mein alter Onkel scheint das einzige Urgestein zu sein.
Tja, wie sagt man so schön: Freunde sind Gottes Entschuldigung für die Verwandten. Anhand der vielen Kommentare meiner Lieben muss ich feststellen, dass es vielleicht doch nicht so falsch und abartig ist, das gleiche Geschlecht zu lieben, wie ich

mir immer mal wieder eingeredet habe (oder wie es mir mein Onkel eintrichtern wollte).
Bei meiner Partnerin gilt das obige Zitat – Freunde sind Gottes Entschuldigung für die Verwandten – in entgegengesetzter Richtung ... Sie hatte immer ganz viele Freunde. Die gingen sogar in dieselbe Kirchgemeinde und waren immer füreinander da. Bis zu dem besagten Tag ...
Alle diese christlich verzogenen Scheinheiligen zogen sich von einem Tag auf den anderen zurück und brachen den Kontakt zu ihr ab. Noch nicht einmal ihr Patenkind durfte sie mehr sehen. Der grösste Teil dieser «Freunde» verabscheute die Lebensweise meiner Partnerin und verstiess sie aus der Gemeinschaft. Gemeinschaft – jetzt weiss ich, was dieses Wort bedeutet.
Es ist gemein, was die schaffen! Soll das bitteschön ein christliches Verhalten sein?
Reicht es denn, sich einen Fisch-Sticker auf das Auto zu kleben und jeden Sonntag in die Kirche zu rennen? Haben diese Irren tatsächlich das Gefühl, dass sie auf diese Weise einen Fensterplatz im Himmel ergattern?!
Wenn ein Mensch eine solche Veränderung im Leben durchmacht, wenn alles auf den Kopf gestellt wird und nichts mehr stimmt, dann, genau dann, braucht man doch Freunde, die zu einem halten. Das ist doch genau ein solcher Moment, wo christliches Verhalten angebracht wäre! Zusammenstehen, einander helfen, da sein füreinander, zuhören. Man muss es ja nicht supertoll finden, es zu akzeptieren reicht vollkommen.
Es ist keine Phase, es ist auch nicht einfach aus einer Laune heraus soweit gekommen, es ist nicht, um die Partner zu verletzen, es ist genauso wenig, um den lieben alten Onkels und «Freunden» Angst zu machen.

Es ist einfach nur ein beschissener, steiniger Weg, den man gehen muss, wenn man nicht zugrunde gehen will. Ich habe mir mehr als einmal überlegt, meinem Leben ein Ende zu setzen, weil ich all den Schmerz, den ich meinen Lieben durch diese Umstände zufügen musste, nicht mehr aushalten zu können glaubte. Es ist ein Weg, den ich meinem ärgsten Feind nicht wünsche, auch nicht meinem Onkel!
Dafür sollen wir noch bestraft werden? Leute, wir sind bereits durch die Hölle gegangen, und das nicht freiwillig wie das Auf-dem-Boden-Schlafen – was wollt ihr denn noch von uns?!
Wir müssen uns Beleidigungen anhören und uns ausschliessen lassen. Wir müssen uns schräg anschauen lassen und mitbekommen, wie hinter unserem Rücken getuschelt wird. Und warum das alles? Weil es nicht normal ist?!? Wer sagt denn, was normal ist und was nicht?
Ist es denn normal, zu werten, zu urteilen und zu verurteilen?! Was ist das nur für eine Welt? Was sind das nur für «Möchtegern-Christen»?!
Ich gehöre nicht zu den Kirchengängern, aber ich verwette meinen Arsch darauf, dass Jesus ein solches Verhalten seiner fanatischen, scheinheiligen und verlogenen Fans absolut scheisse finden würde! Es ist Liebe, kein Mord, nichts Verbotenes, nichts Schlechtes, einfach nur Liebe!
Denken diese dummen Menschen etwa, dass wir uns das ausgesucht haben?! Was würden wir drum geben, dass wir das unseren Familien nicht hätten antun müssen?! Einfach so weiterleben wie bis anhin, als ob wir eine riesengrosse Schlaftablette geschluckt hätten? Weitermachen, nicht nach links und nicht nach rechts schauen, sondern einfach nur funktionieren, so wie es die meisten Ehepaare tun? Nein, das konnten wir nicht

mehr, wir wären draufgegangen!

Die Liebe hat gesiegt, und das ist auch gut so!

Ein wunderschönes Erlebnis hatte ich beim Coming-out gegenüber meinem Cousin – ausgerechnet der Sohn meines lieben Onkels. Mein Cousin ist seit Jahren bekennender Christ, er ist auch Mitglied einer Freikirche.
Du kannst dir bestimmt vorstellen, dass ich die Hosen gestrichen voll hatte, als ich ihm von meiner «Krankheit» erzählte, trotzdem wollte ich meine Verwandten endlich aufklären.
Zu meinen Cousinen und Cousins habe ich ein sehr gutes Verhältnis. Wir sehen uns nicht viel, aber wenn, dann ist es immer sehr lustig. Jedes Jahr treffen wir uns zu unserem legendären «Zwergentreff». Da wir sieben Personen sind, ist bei unserem ersten Treffen der Name «Sieben-Zwerge-Treff» entstanden.
Nun denn, ein neuer Zwergentreff stand an. Wie immer wussten wir nicht, was auf uns zukommen würde, da jedes Jahr jemand anderes diese Treffen organisiert und den Rest im Ungewissen lässt, was unternommen wird. Total gespannt und motiviert ging ich also zu diesem Treffen. Zwerg Nr. 5 (der fünftälteste) war in diesem Jahr der Organisator, ich freute mich riesig darauf.
Der Nachmittag war toll, einfach genial, wir versuchten uns im Bodyflying. Diese Art von Schwerelosigkeit, einfach fliegen zu können, war einzigartig und ist kaum zu übertreffen. Obschon es mir beim Fliegen heftig die Helmlasche um die Backen schwartete, war das Ganze einfach ein riesengrosses Erlebnis.
Am Abend ging es dann weiter zum Nachtessen. Die Stimmung war wie immer genial. Wir sprachen über Gott und die Welt und

genossen einfach das Zusammensein.
Meine Schwester hatte mich vorab gefragt, ob ich an diesem Tag vorhabe, die Zwerge darüber zu informieren, was da bei mir so privat abgeht. Eigentlich wollte ich es tun, da mir meine Zwerge wichtig sind und ich mein Geheimnis endlich lüften wollte – nur hatte mein Mut den Weg ins Restaurant nicht gefunden. Bestimmt war er beim Bodyflying oben rausgeschossen und hatte sich verflogen. Schade eigentlich, aber was soll's ...

Unsere drei männlichen Zwerge gönnten sich nach dem Essen eine Zigarettenpause und gingen nach draussen. Wir Mädels blieben am lauschigen Kamin und unterhielten uns weiter. Meine Schwester suchte dann irgendwann den Blickkontakt zu mir, sie schaute ganz bohrend und aufdringlich. Sie grinste mich an und nickte. Mir schoss sogleich meine ganze Körperwärme in den Kopf, schliesslich kenne ich sie schon mein ganzes Leben, und mir war sofort klar, was diese Geste bedeutete. Ich schüttelte zur Antwort bloss den Kopf und versuchte krampfhaft, meine Körperwärme wieder bis ganz in die Füsse runter zu kriegen – erfolglos.

Gut, sassen wir ganz nahe am Kamin, so fiel es nicht so krass auf, wie rot mein Gesicht bereits war. Auf einmal machte mein liebes Schwesterherz den Mund auf und sagte: «Du wolltest den Zwergen doch noch etwas erzählen.»

Du weisst ja, wie sehr ich meine Schwester liebe, aber in diesem Moment wäre ich bereit gewesen, sie zu töten. «Was willst du uns denn sagen?», hörte ich eine neugierige Stimme. Und meine Schwester liess nicht locker und sagte zu mir: «Nun mach schon, jetzt, wo nicht alle da sind, ist es doch ein genialer Moment.»

Also stotterte ich drauflos ... Schon zu hören, dass ich meinen Mann verlassen hatte, war für manche Ohren unfassbar (Schaf-Fans halt), als dann aber der Rest auch noch kam, und erst noch wegen einer Frau, schwirrten im ganzen Restaurant Fragezeichen und Ausrufezeichen durch den Raum!

Meine Cousine starrte mich mit offenem Mund an. Ich weiss nicht, ob ich tatsächlich einen angewiderten Blick in ihren Augen erkennen konnte, oder ob das einfach ihr natürliches Schockgesicht war. Auf alle Fälle fühlte ich mich nicht mehr wohl in meiner Haut. Ich fühlte mich ausserirdisch, so als ob ich ihr gesteckt hätte, dass ich eine Affäre mit E.T. hätte oder so ... Wie peeeinlich, am liebsten hätte ich mich irgendwo vergraben.

Die Jungs kamen dann nach gefühlten zwei Wochen wieder rein. Rund um den Kamin herrschte Ruhe. Meine Cousine war damit beschäftigt, das Gehörte zu verarbeiten, ich, meine Temperaturregulierung wieder in den Griff zu bekommen, und meine Schwester, ihr Dauergrinsen aufrechtzuerhalten!

Die Jungs merkten wohl, dass irgendetwas vorgefallen sein

musste, stellten aber keine Fragen. Schon wieder machte meine Schwester die Klappe auf. Unglaublich, die kriegt es hin, zu grinsen und gleichzeitig zu quatschen!
Ich stoppte sie aber sofort und sagte, dass ich die restlichen Zwerge unten in der Bar aufklären möchte – und zwar einzeln.
Gesagt, getan, wir gingen dann alle runter in die Bar.
Ich brauchte Alkohol ... viel Alkohol ... schnelleinfahrenden Alkohol ... gallonenweise Alkohol.
Los ging's ... In der Bar war es schön schummrig. Das nicht wirklich vorhandene Licht war auf meiner Seite!
Gut, zwar half mir die Dunkelheit in der Bar, meine Gesichtsröte zu verbergen, aber trotzdem hätte sogar ein Blinder ganz klar spüren können, dass gleich etwas Spannendes passieren würde ... Die Temperatur im Raum war nämlich, seit ich hereingekommen war, ganz massiv angestiegen ...
Als erstes schnappte ich mir Zwerg 7 (unser Küken) – zu ihm habe ich das engste Verhältnis. Er war schon sehr erstaunt über meinen neuen Lebenswandel, nahm meine Äusserungen aber ganz gut auf, während er immer wieder schluckweise mit Alkohol nachspülte.
Zwerg 5 war der Nächste (unseren christlichen Zwerg 4 wollte ich als Letzten einweihen, in der Hoffnung, dass der «Long Island» vor seiner Nase schon genug Wirkung gezeigt hätte, bevor ich ihm meine frohe Botschaft offenbaren würde ...). So fragte ich nun also vorher Zwerg 5, ob er sich nicht setzen wolle.
«Nein nein, ich stehe ganz gut», gab er mir zur Antwort. Für einen Zwerg nahm auch er das Ganze sehr heldenhaft auf, wie ein Grosser. Er meinte sogar noch, dass er sich für mich freue, wenn das Leben so denn jetzt für mich stimme – süss, nicht?!
Nach diesen beiden positiven Reaktionen hätte ich eigentlich

ganz entspannt auf Zwerg 4 zugehen können – aber Fehlanzeige. Ich war so nervös, ich kannte ja seinen christlichen Hintergrund.
Auch ihn fragte ich als Erstes, ob er sich nicht setzen möchte, auch seine Antwort war: «Nein nein, es geht ganz gut so.»
Zwerg 5, der danebenstand, legte sofort sein Veto ein: «Setz dich! Glaube mir, du willst dich jetzt setzen!»
Das alles half mir natürlich enorm, mich zu entspannen ...!!!
Kopf runter und durch ... Als mein Cousin hörte, dass ich mich von meinem Mann getrennt hatte, fand er das schon sehr schade, aber verstand gar nicht, weshalb er sich denn nun hatte setzen müssen. «Es ist ja auch noch nicht fertig», stellte Nummer 5 grinsend klar. Und unsere Nummer 4 meinte: «Ooookay, dann nehme ich jetzt doch am besten nochmal einen rechten Schluck von meinem Long Island.»
Mein Puls erreichte die Geschwindigkeit eines Mini Cooper, eines Mini Cooper S! Er raste wie blöd – ich hatte echt Schiss!
Zu meinem grossen Erstaunen blieb unser ältester männlicher Zwerg ganz ruhig. Er hörte mir einfach nur zu und sagte nix.
Ich hatte keine Ahnung, ob das ein gutes oder ein schlechtes Zeichen war, auf alle Fälle versuchte er mich nicht zu bekehren, empfahl mir keine Kräutertherapie und gab mir auch nicht die Adresse eines guten Arztes oder Exorzisten, was ich als positives Zeichen deutete. Ruhig, er war einfach nur ruhig.
Irgendwann machte er den Mund auf, vielleicht primär, um Luft zu holen, keine Ahnung, doch dann auf einmal waren einige Silben zu hören.

«Es steht mir doch nicht zu, zu urteilen.»
Was, was hatte ich da gerade gehört?

«Klar finde ich nicht gut, was da gerade bei dir läuft, aber findest denn du gut, was alles bei mir läuft?»

Krass, hatte der das jetzt gerade wirklich gesagt? Nichts von Exorzisten und so?!

«Es steht doch niemandem zu, über andere zu urteilen, und fertig.»

Ich traute meinen Ohren nicht, konnte mich kurzzeitig in Zwerg 6 mit den vielen Frage- und Ausrufezeichen einfühlen. Mit so einer genialen, absolut christlichen Reaktion von ihm hätte ich niemals gerechnet!!! Er war cool, er war so unglaublich cool – authentisch. Geil!
Von einer Sekunde auf die andere war ich so froh, dass ich meiner Schwester nichts angetan und sie am Leben gelassen hatte, sie würde mir extrem fehlen! Ich war ihr so dankbar, dass sie mich dazu genötigt hatte, vor unseren Cousinen und Cousins auszupacken – sie ist einfach die Beste! Ist sie nicht einfach die Beste?!
All diese «Fisch-Sticker» fahrenden Möchtegern-Christen dürfen sich sehr gerne eine riesige Scheibe von der Einstellung meines Cousins abschneiden. Das ist ja mal ein Mann! Ein Mensch, der lebt, was er predigt, ein richtiger Christ – Amen!
Eine Freundin war damals auch sehr baff, als ich ihr von meinem «Seitenwechsel» erzählte. Sie meinte nur: «Ach du Scheisse, was muss ich mit dir noch alles durchmachen!»
Natürlich änderte sich an unserer Freundschaft nichts, dafür lieben wir uns viel zu sehr!
Im Schwangerschaftsturnen hatten wir uns damals kennen-

gelernt. Diese Lektionen waren jedes Mal absolut absurd und überflüssig. Auf Zehenspitzen und mit dröhnendem Tambourinschlag wurden wir im Kreis rumgehetzt. Es sah aus wie ein Elefantenrennen oder ein Lastwagenstau auf der Gotthardroute. Sie war die einzige aller «Tambourin-gehetzten» Frauen, die mir normal zu sein schien. Gut, was heisst schon normal …

Ich war mit meinen 23 Jahren mit Abstand die Jüngste und Unvernünftigste in diesem Zehenspitzenverein. Gut, dreimal hatte ich an diesem Affentanz-Event teilgenommen, dann reisten mein Freund und ich nach Las Vegas – ich war im siebten Monat schwanger und hatte keine Stützstrümpfe dabei! Das kann meine Freundin bis heute noch nicht fassen. «Wie naiv muss man sein! Stützstrumpflos auf einen zwölfstündigen Flug, und das im siebten Monat einer Schwangerschaft!»

Sie ist nicht schlauer (oder weniger naiv) als ich, nur etwas älter – um genau zu sein: sieben Jahre. Sie half mir mit ihrer Lebenserfahrung oftmals aus der Patsche, wenn ich mal wieder irgendwo, nur nicht bei der Sache war.

Sie rief mich an, wenn es Zeit war, unsere Babys zu impfen. Wenn die Zeit des Fläschchengebens vorüber war und nun endlich mal Brei auf den Tisch kommen sollte, erinnerte sie mich daran. Wenn ich meinen Sohn trotz Ferien in den Kindergarten schicken wollte, war sie auch samt Verstand für mich da. Ist echt Gold wert, eine so gute, alte Freundin zu haben, ich liebe sie über alles.

Nun aber nochmal zurück: Ich sass also im Flieger nach Las Vegas, und sie war beim «Fangen spielen auf Zehenspitzen». Nach unserem romantischen Hochzeitsspektakel liess ich mich nicht mehr in dieser tollen Sportgruppe blicken, es ging auch nicht mehr wirklich. Für mich war das Schuhe-Binden mit ei-

nem Bauchumfang von 1,6 Metern Sport genug. Ich vermisste diese Turngruppe überhaupt nicht, bloss die eine Frau, die cool drauf war, hätte ich gerne mal wiedergesehen. Das Einzige, was ich von ihr wusste, war ihr Vorname und was für ein Auto sie fuhr, mehr nicht. Schade, das war's dann wohl, hätte eine tolle Freundschaft daraus werden können …
Damit dir beim Lesen nicht das Gesicht einschläft, erzähle ich dir diese Geschichte jetzt aber etwas zackiger … Eine Woche nach der Geburt meines Sohnes durfte ich mit einer fetten Gebärmutterentzündung wieder ins Spital einrücken.
Scheisse …
Als ich nach drei Tagen Delirium wieder zu mir kam – ja, ich war kurz mal weggetreten –, stürmte, okay, schlurfte ich ins Säuglingszimmer, da ich unbedingt zu meinem Sohn wollte.
In der Ecke auf einem Stuhl sah ich ein furchtbar weisses bzw. grau-weisses Häufchen Nichts sitzen.
Ein Gespenst?
Eine verstorbene Seele, eine Urgrossmutter vielleicht, die ihr Enkelchen besuchen wollte? Keine Ahnung, was auch immer es war, es sah übel aus. Mehr tot als lebendig. Auf einmal hörte ich das Wesen sprechen. Es sagte: «Was machst du denn hier? Dein Geburtstermin ist doch schon längstens vorbei?»
Ich glaubte es nicht, ich konnte es wirklich kaum fassen! Das Wesen war die coole Frau vom Schwangerschaftsturnen. Wie genial ist das denn?!
Wir redeten an diesem Tag aber nicht gross. Sie hatte gerade eben ihren Sohn geboren, sah deshalb so scheisse aus, und war fix und fertig.
Mein Papa kam mich am nächsten Tag besuchen. Grinsend erzählte er mir, dass er soeben im Fahrstuhl einen alten «Baustel-

lenkumpel» getroffen hatte, der auch zum ersten Mal Grossvater geworden sei. «Ist ja witzig», sagte ich, nur interessierte es mich nicht sonderlich. Wir gingen dann also zum Quatschen in den Speisesaal. Essecke wäre das passendere Wort, oder für mich noch zutreffender: Schlafecke.

Da ich in der ersten Nacht nach der Geburt nicht hatte schlafen können, weil meine Zimmergenossin dermassen gejammert und gegrunzt hatte, hatte ich darauf bestanden, das Zimmer wechseln zu können. Da das ganze Spital aber belegt war, war kein Zimmer mehr für mich frei. «Schiebt mich in die Besenkammer, ist mir egal, bloss weg von diesem lauten Ding hier neben mir!» hatte ich gewinselt.

Ich bin nicht hysterisch, also nicht oft. Ich hatte einfach nur schlafen wollen!!! Also hatten sie mich in den «Speisesaal» geschoben, da die Besenkammer zu klein war. Das war eine meiner schönsten Nächte überhaupt.

Ou, jetzt habe ich mich verloren, also noch einmal zurück ...

Wir gingen dann also in diese «Essecke», und was glaubst du, wer da war? Genau, meine angehende Freundin, ihr Baby und der Baustellenkumpel meines Vaters, also ihr Vater. Kitschig, nicht – aber wahr! Rosamunde Pilcher, da staunst du, was?! Okay, die schöne Landschaft fehlte, aber der Rest ... Filmreif ... So hatten wir uns also wiedergefunden. Schicksal. Meine Gebärmutterentzündung ist neben meinen beiden Kindern (und meinem Schatz natürlich) das Beste, was mir je passiert ist. Also sieh es positiv, freu dich, wenn du im Delirium bist, vielleicht wartet die beste Freundschaft aller Zeiten auf dich!

Meine Freundin und ich haben so viel gemeinsam erlebt und durchgemacht – von den Schwangerschaftsstreifen bis hin zur Volljährigkeit unserer Kinder und noch viel viel weiter. Das ist wohl der Grund, weshalb ihr einziger Kommentar zu meinem Outing «Ach du Scheisse, was muss ich mit dir noch alles durchmachen!» war. Uns kann nichts und niemand trennen, und das nicht nur, weil sie KEINEN Fisch-Sticker auf dem Auto kleben hat, sondern weil sie eine wahre Freundin – meine Freundin – ist!

Mein Ex-Freund reagierte auch süss auf mein Coming-out. Wir kennen uns seit der Schulzeit. Er war meine erste grosse Liebe. Damals in der Sekundarschule war ich genervt, weil die Coolen aus der dritten Klasse die Schule verliessen und Platz machten für die doofen Bubis, die aus der sechsten Klasse nachrückten. Gelangweilt stand ich in der Zehn-Uhr-Pause auf dem Hof und wünschte mir die coolen Grossen zurück. Auf der Treppe ganz zuoberst stand da auf einmal ein Typ. Wow, kein Bubi, ein gutaussehender, strammer, junger Mann. «Wer ist das?», fragte ich eine Mitschülerin. «Ach der, der ist nichts für dich, der ist eine Nummer zu klein, das ist einer, der gerade eben in die Oberstufe gekommen ist.» Meine Blicke wollten sich nicht mehr von ihm lösen. Ein anderer Typ, ein Bubi, ging zu ihm hin. Beide schauten mich an und quatschten irgendwas. Jahre später habe ich von ihm erfahren, dass er seinen Kumpel gefragt habe, wer ich denn sei, und dieser habe ihm geantwortet: «Die ist nichts für dich, die ist eine Nummer zu gross, geht schon in die letzte Klasse.» Tja, und so kam es, wie es kommen musste. Wir wurden kurz vor Ende des Schuljahres ein Paar – ääääätsch! Das Schicksal meinte es aber nicht gut mit uns, denn kaum waren wir zusammen, musste ich ja für ein Jahr als Au-pair in die französische Schweiz.

Da diese «seltsamsprechenden» Jungs dort recht gut aussahen und er sich auch in der Zwischenzeit eine Neue angelacht

hatte, trennten sich unsere Wege noch schneller, als man «papper-la-papp» sagen kann. Jedes Mal, wenn ich ihn bei meinem Wochenendaufenthalt zu Hause sah, pochte mir mein Herz jedoch wieder bis in die Füsse. Es blieb allerdings beim Pochen. Nach Beendigung meines Französisch-Aufenthaltes wollte es trotz Schmetterlingen im Bauch nicht mehr klappen mit uns, immer kam ihm oder mir ein anderer Mann oder eine andere Frau dazwischen. Lange Rede, kurzer Sinn: Als er hörte, dass ich nun eine Partnerin hätte, meinte er: «Super, dann habe ich ja noch nicht ganz verloren, schlimmer wäre es für mich, wenn wieder ein Mann zwischen uns stehen würde. Irgendwann, und wenn wir achtzig sind, kommen wir wieder zusammen.» Süss, nicht …
Die Mitglieder meiner Familie reagierten unterschiedlich auf mein «neues Leben».
Kleine Rückblende: Unsere Eltern schickten meine Schwester und mich auf eine Schnupperkreuzfahrt. Sie wollten uns den Mythos von «nur alte, vereinsamte, ledige, frustrierte Damen machen eine Kreuzfahrt» zerstören.
Wir schipperten also vier Tage auf dem Mittelmeer rum. Es war schön und vor allem lustig. Also lustig in erster Linie für mich. Meine Schwester kotzte sich die erste Nacht an Bord beinahe die Seele aus dem Leib, weil wir solch einen gewaltigen Wellengang hatten. In der Nachbarkabine stürzte der Fernseher vom Tisch und krachte auf den Boden. Und ich, ich schlief mit meinen Ohrenstöpseln herrgöttlich und kriegte von alledem nichts mit. Mit einem wunderbar ausgeschlafenen «Guten Morgen» begrüsste ich meine Schwester. «Scheiss-Morgen» kam dann zurück. Oookay, als ich mir ihre Gesichtsfarbe – oder das, was noch davon übrig war – angeschaut hatte, wollte ich wissen, was

denn los war ...
Nach einem normalen Frühstück auf Deck 3 und einem zweiten am neu entdeckten Frühstücksbuffet auf Deck 5 ging es dann auch ihr wieder gut. Am Abend genossen wir das vielseitige Angebot auf diesem riesigen Kahn, ist echt nicht bloss was für Scheintote, und genehmigten uns einen Aperitif an der Bar.
«Du, ich muss dir was erzählen», sagte ich zu ihr. «Okay, klingt nicht gut», meinte sie daraufhin.
«Hast du etwas angestellt?!»
«Irgendwie schon.»
Ich brachte es nicht fertig, ihr zu sagen, dass ich mich in eine Frau verliebt hatte.
«Sag jetzt bloss nicht, du hast was mit dem schrägen Typ aus der Bar angefangen?!»
«Was, iihh, nein, spinnst du! Es ist viel schlimmer!»
Als ich dann endlich mit der Sprache rausrückte, meinte sie bloss: «Ja, ist das alles?! Das ist doch nicht schlimm! Schlimm wäre gewesen, wenn du was mit diesem Typ angefangen hättest!»
Ich war geschockt! Ich war sowas von geschockt, weil meine Schwester so was von nicht geschockt war! An diesem Abend hatten wir noch lange, wunderbare und sehr tiefgründige Gespräche, ich glaube, zum ersten Mal in unserem Leben. Es war schön, richtig schön. Es schweisste uns noch mehr zusammen. Ich liebe sie einfach!
Eigentlich könnte das Sprichwort genausogut heissen: Schwestern sind Gottes Entschuldigung für Arschlochonkel!
Meine Mutter reagierte auf meine News nicht ganz so cool wie meine Schwester. Sie sass ganz still am Tisch, was sehr ungewöhnlich für sie ist. Denn eigentlich schleudert sie normalerweise immer schon mit Ratschlägen um sich, noch bevor sie

überhaupt danach gefragt wurde. Sie quatschte mir nicht rein, sondern hörte einfach nur zu. Das wäre ja eigentlich gut und schön gewesen, wenn da nur nicht ihr Kinn gewesen wäre.
Sie hat so ein spezielles «Ich-will-jetzt-hier-abhauen-Kinn». Genau dieses Kinn sass an diesem Tag mit am Tisch! Sie haute nicht ab, sie blieb sehr sachlich und versuchte bestimmt, innerlich ruhig zu bleiben und nicht in Hysterie oder einen Heulkrampf zu geraten. Ich kann mir schon vorstellen, dass es krass ist, wenn ein Kind seiner Mutter so etwas offenbart ...
Nein, eigentlich kann ich mir nicht vorstellen, dass das krass ist, okay, muss ich wohl sagen als Betroffene ...
Vor meinem Vater hatte ich Schiss, richtiggehend Schiss! Also, nein, nicht vor ihm, aber vor seiner Reaktion ...
Ihm bedeutet die Familie viel, aber noch mehr bedeutet ihm Geld. Mein Ex-Mann hatte Geld, das glaubten zumindest alle – ausser ich –, weil er Pilot war. Ja, wie hätte ich denn annehmen sollen, dass er Geld hätte? Unsere Kinder mussten im Restaurant auf die Toilette gehen, um Wasser zu trinken, wenn sie Durst hatten. So viel zum Thema Geld bzw. zum Thema Geld für uns ... Ou sorry, wieder abgeschweift ...
Für meinen Vater war Geld immer alles. Deshalb war für ihn die Tatsache, dass ich mich in eine Frau verliebt hatte, auch weniger schlimm als die Tatsache, dass ich einen Piloten verlassen würde. Er hatte echt eine krasse Einstellung.
«Was willst du denn tun alleine?», fragte er mich.
«Leben», antwortete ich ihm, «endlich leben!»
«Womit denn?», wollte er wissen.
«Du kannst dir ja nichts mehr leisten.»
«Und wenn schon», gab ich ihm zur Antwort. «Ich bin glücklicher, wenn ich zwar mit einem Fahrrad zur Arbeit fahren muss,

mich dafür aber frei fühle und lieben kann, als wenn ich unglücklich mit einem Auto zu Hause sitzen und hören muss, wie sich mein Mann und ich nichts mehr zu sagen haben!»
Meinem Vater kullerten dicke Tränen über die Backen.
«Ich kann dir nicht helfen», sagte er.
«Du musst mir auch nicht helfen», erwiderte ich.
«Ich bin schon glücklich, wenn du meine Entscheidung irgendwann akzeptieren kannst.»
Mein Papa konnte meinen neuen Lebensweg akzeptieren – und wie! Er hatte schliesslich eindeutig mitbekommen, dass meine «Magersucht-Zeit» endlich vorbei war, dass ich wieder lachen konnte und meine Lebensfreude wiedergefunden hatte. Der ultimative Beweis dafür, dass er meine Partnerin akzeptiert hatte, war aber der Umstand, dass er seine Mietwohnung für zweihundert Franken weniger im Monat ihr überliess, anstelle sie einem Fremden zu vergeben.
Zweihundert Franken weniger im Monat! Mein Vater, der Materialist in Person, verzichtet auf satte zweihundert Franken – wenn das mal keine «Schwiegertochterliebe» ist.
«Siehst du, Onkel, so könnte man sich zum Beispiel auch verhalten!» Ups ...
Mein Götti (Patenonkel) reagierte am «eigenartigsten». Seit er von mir und meiner Partnerin weiss, hat er ein Dauergrinsen auf seinem Gesicht. Bestimmt hat er jedes Mal, wenn er uns sieht, Bilder im Kopf – kleiner Schweinekerl ...

Ein lustiges Erlebnis hatte meine Partnerin bei ihrem Coming-out gegenüber ihrer Arbeitskollegin. Also, immerhin hatte sie EIN lustiges Erlebnis! Die beiden Frauen sassen im Restaurant, als sich die Arbeitskollegin nach dem Gehörten selber an den Busen griff und – während sie ihre Brustwarzen berührte – sagte: «Ui, das könnte ich mir gar nicht vorstellen, ui, das ginge gar nicht für mich.» Und sie massierte und knetete weiter. Meiner Partnerin war das so peinlich, und gleichzeitig musste sie so sehr lachen. Ja, vielleicht wollte die Arbeitskollegin eher einen Schluck Muttermilch rausquetschen, denn das soll bei den schrumpeligen kleinen Babys ja Wunder wirken …
Von zwei meiner Freundinnen erfuhr ich, dass sie auch schon einmal eine Affäre mit einer Frau gehabt hätten. Ich war vollkommen erstaunt – das hätte ich den beiden nicht zugetraut, fand es aber natürlich total genial, dass sie so offen mit mir darüber gesprochen hatten.
Witzig war auch, was meine Partnerin mit ihrer Chefin erlebte.

Gleich zwei Tage nachdem mein Schatz und ich uns unter dem Torbogen beim kleinen See zum ersten Mal geküsst hatten, schenkte meine Partnerin ihrem Mann reinen Wein ein. Da sie es danach nicht mehr aushielt, mit ihm unter einem Dach zu leben, fand sie Asyl bei ihrer damaligen Chefin.

Nach unserem ersten Kuss blieben uns noch genau zwei Wochen Zeit, bevor wir uns wieder für längere Zeit voneinander verabschieden mussten. Denn meine Familie – oder was davon noch übrig war – und ich hatten einen zweiwöchigen Florida-Trip geplant und auch schon gebucht. Obschon mein Mann wusste, dass da diese Frau war, wollte er den Urlaub nicht absagen. Er meinte sogar: «Lass uns versuchen, im Urlaub wieder zueinander zu finden.» Eigentlich mehr den Kindern zuliebe willigte ich ein. Unsere Kinder wussten zu diesem Zeitpunkt noch nichts von unserem Ehe-Aus. Wirklich gereizt hat mich dieser Urlaub aber ganz und gar nicht.

Ich vermisste meine Frau mit jeder einzelnen Zelle meines Körpers. Ich hätte heulen können. Statt meiner Partnerin lag Abend für Abend ein schnarchender Mann neben mir, der mich mehr und mehr anwiderte. Es war echt nicht einfach. Auch der Kinder wegen gute Miene zum bösen Spiel zu machen, forderte enorm viel Kraft – ich denke, für uns beide.

An einen lustigen Moment – einen der wenigen – kann ich mich zwar noch gut erinnern. Wir sassen eines Abends in einem «Hooters». Bestimmt kennst du das? Wenn du jetzt nein sagst, dann bist du einfach nur spiessig und verklemmt, du lügst – oder du bist noch ländlicher aufgewachsen als ich.

Ein «Hooters» ist ein Restaurant, wo man auf Rollschuhen bedient wird, also zumindest jenem, in dem wir waren. Das allein ist aber noch nicht alles. Man wird von den schönsten Frauen,

die es auf diesem Planeten gibt, bedient.
Das ist aber noch immer nicht alles. Ich habe schwer das Gefühl, dass dort bloss Frauen mit Model-Massen und einer Mindest-Körbchengrösse von C arbeiten dürfen. Nein, also so hinterwäldlerisch kann niemand aufgewachsen sein, dass er nicht weiss, was eine Körbchengrösse ist – die BH-Grösse, Buuuusengrösse, jetzt kapiert?! Also diese Ladys dort, ich sage dir, da hätte Dolly Parton samt Barbie einpacken können.
Auf alle Fälle war es so, dass eines dieser schönen Dinger an unseren Tisch rollte, darauf meinte mein Mann: «Na, was meinst du, welche gefällt dir besser? Also ich würde die da drüben bevorzugen.»
Er sprach mit mir wie mit einem Kumpel, denke ich doch mal, denn – er hat nämlich keinen Kumpel. Er hatte immer eingebildet gesagt, er brauche keine Freunde, er habe ja mich. Als er mir mal sagte, dass er am liebsten sich selber heiraten würde, stand mir die Kotze ... sehr weit oben.
Ja, und wer bitte hätte dann IHM am Kiosk die Hochzeitsblumen gekauft? Geht doch gar nicht, oder doch? Okay, ich bin wieder abgeschweift, entschuldigung ...
Also ich fand es irgendwie schräg, aber auch ganz witzig, dass ich mit meinem Mann bzw. er mit mir so sprechen konnte. Für mich war in diesem Moment gleich noch klarer, dass ich ihn nicht mehr wollte. Früher war ich ziemlich eifersüchtig gewesen, hatte hinter jedem weiblichen Flight Attendant eine Konkurrenz vermutet, als er aber seinen Spruch raushaute, dachte ich mir nur: «Ja, geh und schnapp dir diese kleine Hooter, dann bin ich meine Sorgen los.»
Hart, ich weiss, es war aber so. Und ... DER hätte er eben bestimmt am Heirats-Kiosk in Las Vegas Blumen gekauft ... wenn

du weisst, was ich meine …
Wie bin ich denn jetzt überhaupt auf dieses Thema gekommen? Hhhmmmm??? Ah, klar, die «Chefin-Geschichte» meiner Partnerin …
Ich war also in Florida am Sekunden-Zählen, sie auf dem Balkon ihrer Chefin … Immer wieder hatten wir uns SMS geschrieben und gejammert, wie sehr wir einander doch vermissen würden etc. …
Mein Schatz wurde von ihrer Chefin darauf angesprochen, wem sie denn immerzu schreibe?! «Einer Freundin», erklärte sie. «Einer lieben Freundin, die weit weg in Key West in den Ferien ist.» «Key West», entgegnete ihre Chefin. «Wer geht schon nach Key West? Dort sind doch bloss die Alten und die Schwulen!»
Meine Partnerin packte diese Gelegenheit und erzählte ihrer Chefin gleich unsere ganze Geschichte.
«Schnaps, ich brauche einen Schnaps!», habe sie dann geschrien. Ihr «Schwulen-Spruch» war ihr allem Anschein nach so peinlich, dass sie unglaublich schnell und sofort einen Schnaps brauchte. Einen … Sie soll die ganze Flasche leergesoffen haben …! Ihre Reaktion war so köstlich … und beschwipst …
Meine damalige Schwiegermutter wollte, nachdem mein Mann seiner Familie von der «Umkehr» seiner Frau erzählt hatte, unbedingt mit mir reden.
Ein wenig Angst hatte ich, das gebe ich zu. Zumal mein Ex-Mann ihr absolutes Lieblingskind ist und sie eine taffe, gestandene Frau – mit manchmal etwas Haaren auf den Zähnen. Obschon ich von Anfang an ein sehr schönes und gutes Verhältnis zu ihr hatte, rechnete ich mit Vorwürfen. Auch hätte ich ihr zugetraut, dass sie in ihren Garten spurten könnte, um mir ein

«Anti-Homo-Kräutchen» zu besorgen.
Keines von beidem traf ein. Sie war ganz ruhig, wirkte sehr traurig und sagte: «Weisst du, die Männer in unserer Familie sind nicht einfach.» Ihr kullerte dabei eine Träne über das Gesicht. «Der Unterschied zwischen dir und mir ist», fuhr sie fort, «dass ich mich immer wehren konnte.» Auch mir lief dabei eine Träne über die Backe.
Niemals in all unseren Ehejahren hatte sie etwas Negatives über ihren Sohn gesagt, ausser, dass er nicht mit Geld umgehen könne. Und jetzt, ausgerechnet jetzt, sagte sie mir, dass er nicht einfach sei. Wie sehr hätte ich mir früher gewünscht, einmal eine solche Aussage von ihr hören zu dürfen … Immer, wenn wir mal wieder Streit gehabt hatten, hatte ich mich schuldig gefühlt, denn der ach so heilige Pilot machte ja nichts falsch – und nun das.
Ihre Aussage machte mich sehr traurig, gleichzeitig aber auch glücklich. Da war auf einmal eine Frau, die wahrhaft hinter die Kulissen sah, die sah, dass mein Mann kein Heiliger, kein Frauenversteher – obwohl meine Verwandten dies immer behauptet hatten – ist, sondern einfach nur ein herdenführendes Schaf, das immer recht haben will und darauf besteht, das letzte Wort zu haben – basta!
Willkommen im Klub, liebe Schwiegermutter, auch wenn ich jetzt den Austritt gegeben habe. Irgendwie waren die Haare auf ihren Zähnen von einer veganen Zahnbürste gefressen worden.
Ich habe meine Schwiegermutter immer mal wieder vermisst, gelegentlich auch meinen Schwiegervater. Auch er ist ein angenehmer Mensch, halt einfach eher kühl und distanziert. Ich kann mich noch gut daran erinnern, dass mir meine Schwiegermutter sagte, dass sie glücklich sei, dass sie mit mir in der

Familie nun noch eine zusätzliche Tochter dazugewonnen habe. Lieb, nicht!?

Hätte ich sie früher kennengelernt und würde der Altersunterschied zwischen uns ein paar Jahrzehnte weniger betragen, wären wir bestimmt zusammen um die Häuser gezogen und wären die wildesten, ausgeflipptesten Freundinnen geworden. Die hat's echt faustdick hinter den Ohren …

Ein «Znüni» (eine Zwischenmahlzeit, eben zwischendurch) aus meiner Jugend meldete sich bei mir, als er von wem auch immer erfuhr, dass ich nun eine Partnerin hätte. «Ja, stimmt das denn?», wollte er wissen.

«Ja, das stimmt, ich habe mit Männern, was Partnerschaften anbelangt, abgeschlossen.» Daraufhin meinte er: «Dein Mann hat's doch einfach nicht gebracht – also wenn du mich behalten hättest, dann wäre bestimmt alles anders gekommen.»

Klar, Oberhirsch, du und dein Ding da irgendwo … ihr hättet das Rennen gemacht …

Manche Ansichten sind schräg, aber noch immer führt mein Onkel und hält stramm die Stellung auf dem Platz der absurdesten Ansichten. Den wird ihm bestimmt auch niemand streitig machen können, wie auch?! Da müsste schon einer kommen und mich mit Ungeziefervertilger einsprühen wollen oder so … Wie dem auch sei, glücklicherweise gibt es nicht mehr viele Überlebende aus der Steinzeit …

Meine jetzigen «Schwiegereltern» hatten mit der neuen Lebenssituation ihrer Tochter auch ein wenig Mühe, nicht aber, weil auch sie zu den Urgesteinen gehören würden, sondern weil sie den Ex-Mann meiner Partnerin sehr gemocht hatten. Gut, er ist ja nicht gestorben, bloss nicht mehr der Mann meiner Frau. Mehrere Jahre hing bei den beiden noch das Hochzeitsbild meiner Partnerin an der Wand. Jedes Mal, wenn wir bei ihnen zu Besuch waren, gab mir das einen kleinen Stich ins Herz, obschon sie mich schon bei der ersten Begegnung sehr herzlich aufgenommen hatten. Nun ist es mittlerweile aber so, dass das Bild verschwunden ist und jetzt eines von meinem Schatz und mir an derselben Stelle hängt. Yesssssss!!!

Unsere Kinder

Als wir bereit waren, unsere Kinder einander vorzustellen, war ich sehr nervös. Der Sohn meiner Partnerin war nämlich überhaupt nicht gut auf mich zu sprechen. Anfangs hatte er mich gar nicht sehen, mich unter keinen Umständen kennenlernen wollen.
Nun aber war der Tag X also gekommen. Wir verabredeten uns in einem Wasserpark. Draussen vor der Eingangstür wollten wir uns treffen. Schon von weitem nahm ich einen quälenden, tödlichen Blick wahr. Der Kleine durchbohrte mich förmlich. Ich hatte Angst, Angst vor einem kleinen Mann mit einer Körpergrösse von gerade mal etwa 140 Zentimetern. Was wäre, wenn er mich ertränken würde? Mit Gummireifen nach mir werfen würde?!
Die Kinder verstanden sich auf Anhieb. Kaum im Bad angekommen, war unsere Jungmannschaft verschwunden – die brauchten uns Mamas nicht, die hatten auch alleine Spass. Hin und wieder liefen uns die Kinder über den Weg. Einmal, als wir eine Wasserrutsche runter wollten. «Lasst uns zusammen gehen!», riefen sie. Der Kleine mit dem starren Röntgenblick lief hinter mir die Treppe hinauf. Er musterte mich ganz ernst, durchbohrte jeden Quadratzentimeter meines Körpers mit seinem für mich sehr beängstigenden Blick – ich spürte jeden einzelnen Blick von ihm. Er war mir irgendwie unheimlich.

Je länger wir im Bad waren, desto mehr entspannte sich unser «Verhältnis». Der Nachmittag wurde richtig lustig.
Da mein Schatz und ich so glücklich darüber waren, dass sich unsere Kinder so gut verstanden, wollten wir noch mehr mit ihnen unternehmen. Wir beschlossen, noch ins Kino zu gehen. Und siehe da, der Kleine mit den prüfenden Augen wollte unbedingt in meinem Auto mitfahren. Wen wundert's, ich hatte einen Mini Cooper S, und das Eis war gebrochen, ein für alle Mal.

Also so viel dazu ...

Die Kinder, die direkt von unserer Lebensführung betroffen sind, haben uns eine Chance gegeben.

Bitte gib dir selber auch eine Chance!

Es ist doch weder dem Partner gegenüber und schon gar nicht sich selbst gegenüber fair, zu resignieren. Ja, ich spreche von resignieren!
Viele Ehen, die ich kenne, sind in meinen Augen sowas von ungesund und unecht. Wie gesagt, meine Ansicht! Es wird betrogen und gelogen, sorry Onkel, ich musste grad an dich denken. Viele sprechen nicht mehr miteinander. Jeder macht sein Ding, weil man es eben so macht. Alles läuft so, wie es schon immer gelaufen ist. Alles, was stört, aber auch alles, was gefällt, wird unter den Teppich gekehrt. So ganz nach dem Motto: «The Show Must Go On.»
Jetzt mal ehrlich, wie viele Paare wären noch in ihrer Beziehung, wenn es egal wäre, was der Nachbar über sie denkt? Zwei Kolleginnen von mir sagten, als sie erfuhren, dass ich mich von meinem «Frauenversteher» getrennt hatte:

«Och, du hast es gut, deinen Mut möchte ich haben!»

Was soll das? Das hat doch nichts mit Mut zu tun! In der Form, wie wir hier auf der Erde sind, leben wir genau einmal. Nur einmal!
Wacht auf, all ihr frustrierten Ehefrauen und Ehemänner ...
Wollt ihr euer «Einmal» wirklich so weiterleben, obschon es

euch nicht mehr gefällt?! Das ist doch nicht fair, verdammt nochmal!
Auch euer Partner lebt in dieser Art bloss einmal. Wollt ihr ihm die Möglichkeit nehmen, seine grosse Liebe jemals kennenzulernen? Wisst ihr, was ich damit meine?
Ich habe gerade etwas Mühe, mich klar auszudrücken, weil mich das sowas von sauer macht …

«Wacht auf!»

Das Leben ist dazu da, um es zu geniessen, und nicht, um es durchzuziehen! Ändert was an eurer Beziehung, wenn ihr damit nicht mehr zufrieden seid, oder handelt, aber hört auf zu jammern!

Ihr müsst nicht lesbisch werden, um Gottes willen nein (aber ihr dürft natürlich), doch, Onkel, Schnauze jetzt! Sie dürfen! Aber macht einfach was!

Nie zuvor hätte ich gedacht, dass die Liebe so gross ist, so einzigartig und einmalig! Geht auf die Suche nach ihr, oder lasst euch von ihr finden, oder entfacht sie wieder in euch selbst und in eurem Partner.

Es lohnt sich, dafür sind wir doch hier!!!

Auch mit 90 Jahren ist man zu jung zum Resignieren! Es ist nie zu spät! Seht zu, dass ihr glücklich werdet!

Viele denken doch:

«Ich kann ja nicht, was sollen denn die anderen denken? Wer macht dann meine Wäsche? Wer verdient denn das Geld für meinen Lebensunterhalt? Mit wem fahre ich denn dann in den Urlaub? Was mache ich dann ganz alleine?» und so weiter.

Scheisst auf all diese Fragen in eurem Kopf! Das ist der kleine, ängstliche, innere Schweinehund, der da spricht. Wenn es nach ihm ginge, dann sollte möglichst nichts verändert werden. Wisst ihr, warum er Schweinehund genannt wird? Weil er ein Schwein ist! Stopft ihm das Maul und folgt dem Ruf eures Herzens ... Och herrje, ihr treibt mich schon zur Poesie!

Ich möchte euch auf keinen Fall ermutigen, eure Beziehungen zu beenden, das möchte ich wirklich noch einmal betonen!
Ich möchte euch einfach dazu ermutigen, ehrlich zu sein, zu euch selber, zu eurem Partner, zu euren Kindern und zu allen da draussen. Gebt der Liebe eine Chance – der echten Liebe!

In diesem Sinne: Alles, alles Liebe und Gute allen Fischen an Land, den Fischen im Wasser, den angehenden schwimmenden Fischen, den Schafen da draussen, den Hirtinnen und Hirten und allen, die die Liebe als das grösste Gut auf Erden erkennen.

Lasst uns glücklich in die Grube fahren ...

Und nicht erst, wenn der unglückliche Ehetod euch scheidet ...

Nachtrag

Bestimmt fragst du nun: «Ja, hast du denn nie etwas bemerkt, dass du vielleicht ‹anders› sein könntest?»
Weisst du was, das habe ich mich auch gefragt, immer wieder. Gab es denn keine Anzeichen dafür, dass ein Mann nicht das ist, was mich reizt?, spukte es immer mal wieder in meinem Kopf rum.
Keine Anzeichen, null? Niemals? In der Kindheit? Im Teenageralter? Einfach keinen Hinweis darauf? Wenn ich so zurückblicke, gab es eventuell schon einige Anzeichen, die man als Fingerzeige deuten kann.
Meine Mama erzählte mir, dass ich mir als Kleinkind in den Kleiderkatalogen immer am liebsten die Seiten der Damenunterwäsche angesehen hätte. Ob das wohl schon ein Zeichen war? Keine Ahnung.
Auch fand ich Mädchen immer ziemlich doof – gut, das würde dann ja wohl wieder eher dagegensprechen, oder?!
Meine Schwester fand es immer spannend, meinen Papa nach dem Duschen zu beobachten. Dass sein «Schwänzchen» beim Gehen so lustig hin und her schaukelte, faszinierte sie total, mich hingegen ekelte es eher an.
War das ein Hinweis?! Na ja, ich weiss nicht. Jetzt mal ganz ehrlich, welche Hetero-Frau findet das Teil ernsthaft schön?!
Während meine Schulfreundin ein riesiger Fan von Jon Bon Jovi war, war ich total fasziniert von der wilden, singenden Prinzessin Stéphanie. Ihr Gesicht auf Postern zierte mein Kinderzimmer. War das wohl ein Indiz?!
Ich weiss es nicht, ich weiss es wirklich nicht.
Ich weiss nur, dass ich vorher noch nie etwas mit einer Frau

hatte, noch nicht mal in Gedanken.
Aber ganz ehrlich jetzt, ist das denn überhaupt wichtig?

Ich bin ich, Punkt und aus!

«Gestern» stand ich auf Männer, «heute» stehe ich auf Frauen – auf meine Frau, präziser gesagt.
Muss, wer A gesagt hat, denn immer auch B sagen? Kann es nicht einfach auch okay sein, wenn ich C sage? Oder Y? Muss alles nach Plan laufen? Muss man den Weg weitergehen, den man eingeschlagen hat?
Wenn bei mir das Ganze bloss eine Phase gewesen wäre, was mein Schaf immer behauptete, dann wäre die ganze «Affäre» doch auch längst schon wieder vorbei.
Ist sie aber nicht, meine Partnerin und ich sind zu diesem Zeitpunkt bereits acht Jahre glücklich zusammen.
Und was wäre, wenn es doch bloss eine Affäre gewesen wäre?
Wäre das schlimm? Strafbar? Unmoralisch? Oder wäre das nicht einfach das Leben?
Ich möchte beim besten Willen nicht mit 90 Jahren im Schaukelstuhl sitzen und mich hintersinnen, warum ich aus Rücksicht auf Andere nicht mein Leben gelebt habe!
Es ist MEIN Leben, und ich koste es in vollen Zügen aus. Ich kann das wirklich nur jedem empfehlen.
Du bist Regisseur und Schauspieler in deinem eigenen Leben. DU und niemand anderes. Lass dich nicht zum Statisten machen, denn das bist du nicht! Du spielst die Hauptrolle und nichts anderes!
So, jetzt komme ich aber endgültig zum Schluss.
Wenn ich mit meinem Buch nur dem einen oder anderen

«Fischlein» etwas die Augen öffnen oder helfen konnte, dann habe ich mein Ziel erreicht.

Sei du selbst, sei authentisch und schwimm drauflos! Das Wasser ist herrlich!

Früher:
«Stell dir vor, du bist ein Fisch an Land. Du lebst dein Leben, hast liebe Freunde, einen guten Job und eine kleine, süsse Familie ...»

Heute:
«Der Fisch gehört ins Wasser ...»